- iki kişi
A room
- affeders
- iki be
I'd like
- Kaç liras?

Colloquial
TURKISH

I understand Turkish.
ben türkçe anlamıyorum
I don't understand you.
ben Türkçe Anlamıyorum
yok anlamak

1 - bir
2 - iki
3 - uç
4 - dört
5 - beş
6 Altı
7 - yedi
8 - 8ekiz
9 - Dokuz
10 - On.

100000
2 " " "
3 " " "
4
5 " "
6
7 " "
8
9
1 milon

15
25

evet - yes
ama - but.
no - yok.

10000TL.
onbin
20000
yirmi bin
20
30000
otuz bin
30
40.000
Kırkbin
40
50000

100
yüz.

Tumoro
yarın

saat 9.30
Dokuz buçuk

2.30.

Saat kaç
What time is it?
saat

Nasılsınız

The Colloquial Series

*Colloquial Albanian
*Colloquial Arabic (Levantine)
*Colloquial Arabic of the Gulf and Saudi Arabia
*Colloquial Arabic of Egypt
*Colloquial Chinese
*Colloquial Czech
*Colloquial Dutch
*Colloquial English
*Colloquial French
Colloquial German
Colloquial Greek
*Colloquial Hungarian
*Colloquial Italian
*Colloquial Japanese
*Colloquial Persian
*Colloquial Polish
Colloquial Portuguese
*Colloquial Romanian
Colloquial Russian
*Colloquial Serbo-Croat
Colloquial Spanish
*Colloquial Swedish
*Colloquial Turkish

*Accompanying cassette available

Colloquial TURKISH

Arın Bayraktaroğlu
Sinan Bayraktaroğlu

London and New York

To Kerem

First published in 1992
by Routledge
11 New Fetter Lane, London EC4P 4EE

Simultaneously published in the USA and Canada
by Routledge
a division of Routledge, Chapman and Hall, Inc.
29 West 35th Street, New York, NY 10001

Phototypeset in Century 9/11 pt by Intype, London
Printed in Great Britain by
Cox & Wyman Ltd, Reading

British Library Cataloguing in Publication Data
Bayraktaroğlu, Arın, 1945–
Colloquial Turkish.
I. Title II. Bayraktaroğlu, Sinan, 1946–
494.3583421

Library of Congress Cataloging-in-Publication Data
Bayraktaroğlu, Arın, 1945–
Colloquial Turkish / Arın Bayraktaroğlu, Sinan Bayraktaroğlu.
p. cm. – (The Colloquial series)
1. Turkish language—Conversation and phrase-books.
2. Spoken Turkish. I. Bayraktaroğlu, Arın, 1945- .
II. Title.
PL114.B38 1992
494′.3583421—dc20 91–37807
CIP

ISBN 0–415–0473–6 (*book*)
ISBN 0–415–04074–4 (*cassette*)
ISBN 0–415–04075–2 (*book and cassette pack*)

Contents

Foreword

It is a great pleasure to write a brief foreword to this entirely new contribution to the 'Colloquial' series by Arın and Sinan Bayraktaroğlu, both trained linguists and experienced teachers of Turkish and my colleagues of many years' standing.

Preparing ourselves by means of a book to take part in conversational exchanges in a foreign language is a complex task, requiring effort and perseverance – especially if the language is one which belongs to a different language family from any others we know – but one which is well within the competence of all of us, if we work systematically with good materials. In some cases we simply need to learn to produce the set phrase that the situation demands – to greet people appropriately, to thank them and to say goodbye. In ordering goods and services we can use a fixed structure as a frame and insert the appropriate words for whatever we have decided to choose. However, we soon realize that to exchange ideas we have to develop an adequate vocabulary and master the grammatical rules and structures so as to express our own thoughts in intelligible sentences and understand those our conversational partners use to us in turn. However, it is not enough to know grammatical rules and recall vocabulary. We must use the language as it should be used, observing due politeness, knowing when, where and how to be formal or familiar and with whom.

In short, as language learners we need to keep clearly in mind the situations in which we shall need the language as we build up the resources in fixed expressions, vocabulary and grammar that will enable us to communicate effectively. We shall then look critically at textbooks and courses to see whether their authors have followed this principle, which as some readers will recognize, has long guided the projects carried out in modern languages by the Council of Europe.

Arın and Sinan Bayraktaroğlu are well acquainted with this work and it is most gratifying to see the modern approach applied in a thorough way so as to enable English-speaking adults to communicate effectively with Turkish people. International understanding has never been more important than today and Turkey is important not only as a rapidly-developing country in its own right but also as a bridge between Europe and the peoples of the Middle East as well as Western and Central Asia. Colloquial Turkish is a valuable contribution to the opening up of lines of interpersonal communication, and to those willing to seize the opportunities the new international situation has to offer.

Dr J. L. M. TRIM

Acknowledgements

We would like to express our thanks to Dr Saliha Paker for reading the text and making suggestions, James Christie for helping us with the computers, and Mrs. Sevgi Gönül for providing us with a colour print of a Turkish embroidery from the archives of Sadberk Hanım Museum of Koç Foundation in İstanbul, for the front cover of this book.

Introduction

Turkish is spoken by some fifty million people in Turkey, by substantial numbers in Bulgaria, Yugoslavia, Romania, Greece, Cyprus and countries of the Middle East, and by over two million in the Turkish communities of Germany, Holland, Belgium, Britain and Australia.

Turkish is a member of the Turkic language family, which is itself a subfamily of the Altaic language group. Mongolian and Manchu-Tungus are the other subfamilies. Together with Azerbaijani, or Azeri, Turkmenian and Gagauz, Turkish forms the southwestern division of the Turkic language family.

The Turkic languages are very similar to each other in structure and to some extent are mutually intelligible. They are spoken by some 125 million people across the world, most of them in a broad belt stretching from the Balkans through Turkey, the Caucasus and northwestern Iran (where Azerbaijani is spoken) to Central Asia, Kazakhstan and Southern Siberia (where the languages are Uzbek, Kazakh, Turkmenian and Kirghiz), and also on the Volga (where Tatar is used). One Turkic language (Yakut) is spoken in northern Siberia. Indeed, as Jacklin Kornfilt* pointed out in 1990, more than one Soviet citizen in ten was a native speaker of a Turkic language. In addition there are substantial Turkic-speaking communities in northwestern China speaking Uighur and Kazakh.

*Jacklin Kornfilt, 'Turkish and the Turkic Languages', in Bernard Comrie (ed.) (1990) *The Major Languages of Eastern Europe*, London: Routledge.

The grammatical structure of Turkish differs from that of most other European languages. However, it is highly systematic and not difficult to learn if the learner is made aware from the outset of the most important features of its organization. These are dealt with in the following chapter.

THE CASSETTE

As an aid to pronunciation, and to enable the learner to hear the rhythmic pattern of Turkish, a cassette has been produced to accompany this book. All the lessons in the book correspond to an equivalent unit on the cassette. As in the text, each unit contains dialogues and exercises. Wherever a [OO] symbol appears, the material in the dialogues or exercises is covered on the cassette. Sometimes the cassette material is the same as in the book, sometimes different, so that you can listen to and practise what you are learning in different contexts. Where a cassette dialogue relates to more than one section in the book, the [OO] symbol appears at the point at which it would be most appropriate for you to listen to it. You should listen to the dialogue after familiarizing yourself with the material covered in the text dialogues. After listening to the dialogues, you will be encouraged to practise some of the more difficult words. You may also be asked some questions about what you have heard to answer in Turkish, or you will be given the opportunity to play the role of one of the speakers. A distinctive sound indicates the end of each cassette section. In addition to using the cassette while you study each lesson, it would also be a good idea to listen to the relevant unit on the cassette at the end of each lesson to develop your listening skills and consolidate what you have learnt. It is recommended that you use the cassette in order to appreciate and be more able to reproduce spoken Turkish.

Special features of Turkish

AGGLUTINATION

Turkish comes very close to the 'ideal' of the agglutinating type of language: that is to say, the structure of the word is composed of a sequence of suffixes, each expressing a grammatical category, which are added to an unchanging root. For example, the word **ellerimde**, 'in my hands', is composed of **el** 'hand', the root, **-ler**, the plural suffix, **-im**, the possessive suffix of the first person singular, and **-de**, the locative suffix meaning 'in'.

VOWEL HARMONY

In the process of agglutination, the most distinctive feature of Turkish is vowel harmony. The vowels used in the suffixes vary according to the principles of vowel harmony, which control the sequence of vowels that may occur within the word.

There are two kinds of vowels. These are known as **front vowels**, which are produced at the front of the mouth (**e, i ö, ü**); and back vowels, which are produced at the back of the mouth (**a, ı, o, u**).

As a rule, Turkish words can contain only all front or all back vowels (e.g. **torun** 'grandchild', **tören** 'ceremony') and the vowels of suffixes added to any word vary according to the type of vowel(s) in the root. Thus, **el** 'hand', **eller** 'hands', **ellerim** 'my hands', **ellerime** 'to my hands'; but **at** 'horse', **atlar** 'horses', **atlarım** 'my horses', **atlarıma** 'to my horses'.

WORD ORDER

Languages are also classified in terms of three different types of word order in their sentence structure. We find in all languages that sentences contain a subject (S), a verb (V), and an object (O). In some languages the basic or preferred order of these elements is (SVO). Many familiar languages, such as French, Spanish and English are examples. Turkish, on the other hand, like Japanese and Korean, has as its preferred order subject-object-verb (SOV). Others such as classical Hebrew and Welsh are (VSO) languages.

Word order, an important aspect of grammar, has a crucial function in making a sentence meaningful and intelligible. For example, if we jumble up the words of the sentence, 'What are you looking for?' to read 'for are looking what you?' then it becomes totally unintelligible. This is due to the ordering of its words which is unacceptable according to the laws of English sentence structure. However, there are cases where the word order is neither very rigidly fixed nor very free but generally fixed with a very minor degree of freedom. In English for example the common word order as mentioned above is subject-verb-object, but it is also possible to have object-subject-verb. The latter is very much less frequent. Moreover, it seems not at all natural in many sentences. It is most common in a few rather stereotyped sentences uttered for stylistic purposes, e.g. 'This I must see'.

The SOV type of Turkish word order, on the other hand, is much more flexible than the SVO order of English. A Turkish speaker can use the word order to draw attention to both the main topic of the sentence and the word he particularly wishes to emphasize. This is because the first word in the sentence indicates the main topic – what the sentence is really all about – and the word immediately in front of the verb indicates the word the speaker wants to stress or emphasize.

For example, take the simple sentence 'Ahmet ate the apple'. As was earlier explained, the preferred order of words in Turkish is SOV: **Ahmet elmayı yedi**. This can convey either the simple statement that Ahmet ate the apple, or can emphasize that Ahmet ate the apple and not the banana. If one varies the word order to **Elmayı Ahmet yedi**, this would signify that it was Ahmet who ate the apple, and not someone else.

There are however two other word orders which would be perfectly possible: **Elmayı yedi Ahmet**, or **Ahmet yedi elmayı**. They would probably be used for reasons of style, or particularly if there is more to come in the same sentence.

RHYTHM

Turkish, like Spanish and French, is a so-called 'syllable-timed' language, as opposed to English, which is 'stress-timed'. In other words, the overall rhythmic pattern of Turkish pronunciation is carried out by pronouncing the sequences of syllables, whether stressed or unstressed, at a steady rate with equal intervals. In English, however, it is only the stressed syllables that occur at regular intervals of time, and the unstressed ones are made to fit in:

He–says that he–wants us to–take it a–way.

In Turkish pronunciation, the rhythmic pattern of an equal number of syllables would be:

A–teş–ol–ma–yan–yer–den–du–man–çık–maz.
(*There's no smoke without fire*).

Therefore, the syllable-timing of Turkish may constitute a fundamental difficulty of pronunciation, which can be overcome only by paying deliberate and systematic attention to it. The stress-timed speech habit of English will continually interfere in speaking Turkish and it is probably more worthwhile to pay attention to the syllable-timing of Turkish than to any other pronunciation feature. Even if an acceptable articulation of each individual vowel and consonant of Turkish has been acquired, a clear and even an intelligible pronunciation of Turkish will not be achieved so long as the stress-timing of English is carried over into Turkish.

BEING A SUCCESSFUL LEARNER

Finally, we would like to mention that successful language learners, while trying to figure out how the language works and find out its structure – its grammar, pronunciation, vocabulary and usage – are impelled by a powerful urge to communicate, are never inhibited or afraid of making mistakes, and are good guessers and risk-takers. They know that language is for communication and use, and that it is not sufficient to pay attention only to the grammar. Above all, they understand that it is impossible to learn a language without regular, frequent and persistent practice.

Spelling and sounds

Turkish uses essentially the same alphabet as English, but unlike English, its spelling system is to a large extent phonemic, i.e. there is a one-to-one correspondence between the sounds (phonemes) and the letters.

The regular letter representations of Turkish sounds, as transcribed in terms of the system of the International Phonetic Association (IPA), are as follows:

Letter	Sounds	Letter	Sounds
A a	[a]	M m	[m]
B b	[b]	N n	[n]
C c	[dʒ]	O o	[ɔ]
Ç ç	[tʃ]	Ö ö	[œ]
D d	[d]	P p	[p]
E e	[ɛ]	R r	[r]
F f	[f]	S s	[s]
G g	[g]	Ş ş	[ʃ]
Ğ ğ	–	T t	[t]
H h	[h]	U u	[u]
I ı	[ɯ]	Ü ü	[y]
İ i	[i]	V v	[v]
J j	[ʒ]	Y y	[j]
K k	[k]	Z z	[z]
L l	[l]		

Please note that there is an undotted **ı** (its capital being **I**) as well as dotted **i** (its capital being **İ**).

The letter **ğ** (**Ğ**), which is called 'soft g', functions only in lengthening the preceding vowel (see page 12).

Pronunciation guide

STRESS

Most words of more than one syllable are stressed on the final syllable, but there are many exceptions to this generally accepted rule. Therefore, throughout this section, the verb-tense charts and the Turkish–English glossary, we will show stressed syllables of words which have their final syllables unstressed in capital letters. Otherwise, please assume that the stress is on the last syllable.

As in English, a particular word in a Turkish sentence can be emphasized by giving a strong stress:

AhMET elmayı yedi.

AhMET ate the apple (Ahmet rather than someone else).

Ahmet elmaYİ yedi.

Ahmet ate the APPLE (rather than the banana).

Ahmet elmayı yeDİ.

Ahmet ATE the apple (rather than throwing it away).

SYLLABIFICATION

Remember that Turkish is a 'syllable-timed' language, as opposed to English which is 'stress-timed'. The rhythmic pattern of Turkish is carried out by pronouncing the sequences of syllables, whether stressed or unstressed, at a steady rate with equal intervals.

Within a Turkish phrase without any pause, the pattern

of syllabification is automatic and regular without regard to the division between words. For example:

İyi günler efendim.	**İ-yi-gün-ler-e-fen-dim.**
NAsılsınız?	**NA-sıl-sı-nız?**
İyiyim Teşekkür ederim.	**İ-yi-yim-Te-şek-kür-e-de-rim.**
Siz nasılsınız?	**Siz-na-sıl-sı-nız?**
Ben de iyiyim.	**Ben-de-i-yi-yim.**

Good day sir/madam.
How are you?
Fine. Thank you.
And you?
I am well too.

VOWELS

Classification of vowels:

Vowels are classified as 'front' or 'back' depending on whether they are produced at the front or the back of the mouth; as 'close', 'half-open' or 'open' according to the height of the tongue, and as 'rounded' or 'unrounded' according to the position of the lips. This classification is used when explaining the rules of vowel harmony (see p. 13).

Height of tongue		*Part of tongue highest*	*Position of lips*
ü [y]	close	front	rounded
i [i]	close	front	unrounded
ö [œ]	half-open	front	rounded
e [ɛ]	half-open	front	unrounded
a [a]	open	back	unrounded
o [ɔ]	half-open	back	rounded
ı [ɯ]	close	back	unrounded
u [u]	close	back	rounded

Pronunciation practice

Ü ü [y] There is no vowel of the **ü** [y] type in English. The Turkish **ü** [y] is very similar to the French [y] as in the words **bu** [by], **lu** [ly], **une** [yn], **lune** [lyn] and **jupe** [ʒyp]. Special attention should be paid to rounding the lips

üzüm	grapes	**dün**	yesterday
üç	three	**sütçü**	milkman
gün	day	**dünya**	world
bütün	whole	**BÜSbütün**	completely
ütü	iron		

İ i [i] As the vowel in **fill**, **sit**, **sin**, **bid**:

bin	thousand	**kişi**	person
dil	tongue	**bizim**	our
diş	tooth	**TAKsi**	taxi

Ö ö [œ] There is no vowel of this type in English. It is confused by many English learners with the English vowel [ɜ:] of **fur**, **bird** and **learn**, which is central and unrounded, as opposed to the front and rounded type of the Turkish [œ]. If you have the cassette, compare the pronunciation of the following contrasting pairs of Turkish and English words:

göl	lake	–	**girl**
kör	blind	–	**cur**
sörf	surf	–	**surf**

It is important to insist on open lip rounding for the Turkish [œ], which is the same vowel as in French words **seul** [sœl], **oeuf** [œf], **boeuf** [bœf] and **dix-neuf** [diz nœf]:

ön	front	**börek**	pastry
köşe	corner	**köy**	village
öp	kiss	**yön**	direction
kömür	coal	**döviz**	foreign currency
ölç	weigh		

E e [ɛ] As the vowel in **set**, **bed**, **dead**, **head**, and **many**. But occasionally it tends to be pronounced as the **a** in **sat**, **bad**, **tan**, etc.:

benim	my	**beş**	five
cevap	answer	**deniz**	sea
ben	I	**sen**	you
ne	what	**gel**	come

A a [a] Usually similar to the vowel as in **sun**, **come**, **young**, **blood**, or **does**. Occasionally its quality could also be like **a** as in **pass** or **father**:

çay	tea	**hafta**	week
baş	head	**hap**	pill
cevap	answer	**bal**	honey
ama	but	**yağ**	butter
havuz	pool	**ya**	or

O o [ɔ] As the vowel in **law**, **saw**, **all** but considerably shorter:

oda	room	**on**	ten
boş	empty	**son**	end, last
o	he, she, it	**dost**	friend
çok	much, very		

U u [u] As the vowel in **full**, **put**, **could**:

buçuk	half	**bulut**	cloud
çocuk	child	**dul**	widow
bu	this	**duş**	shower
su	water		

I ı [ɯ] Similar to the sound as represented by the letter **a** in atlas; **e** in carpet, better; **i** in pencil; **u** in album; **e** and **ou** in generous; **o** in effort:

kısa	short	**yakın**	near
kış	winter	**kız**	girl
AYnı	the same	**yıl**	year

Vowel length

All Turkish vowels are basically short. However, every vowel when in a syllable that is open (i.e. when the vowel in it is not followed by a consonant), or when the vowel itself forms the syllable, may be pronounced a good deal longer. The conditions under which the conventional spelling determine lengthening are as follows:

1 In the initial and final positions in a syllable, long vowels occur under certain conditions when followed by **ğ** ‘soft g’, i.e.:

sağ	right	[sa:]
iğne	needle	[i:ne]
tığ	crochet needle	[tɯ:]
buğday	wheat	[bu:daj]

2 [a] and [i] occur as long vowels in some Arabic and Persian loan-words. They are usually marked with a circumflex ‘^’ in the orthography, thus:

âmâ	blind	[a: ma:]
zekî	clever	[zeki:]

In some words [a] may occur short as well as long in an identical context, and may make a difference of meaning:

adet	number, unit	[adet]
âdet	custom, practice	[a: det]
ama	but	[ama]
âmâ	blind	[a: ma:]
dahi	even	[dahi]
dâhi	genius	[da: hi]

[i] may also occur short or long in identical contexts, but the number of such words is very restricted:

tarihi	the history (accusative case, i.e. **Osmanlı Tarihi** Ottoman History)	[tarihi]
tarihî	historical, historic	[tarihi:]
ilmi	science	[ilmi]
ilmî	scientific	[ilmi:]

3 Except for [ɔ], [œ] and [ɯ], the other five vowels can also be long although the orthography does not indicate the length at all:

memur	civil servant	[mɛ: mur]
mide	stomach	[mi: de]
tane	number, unit	[ta: nɛ]
güya	as if	[gy: ja]
munis	good-natured	[mu: nis]

In the Turkish–English glossary, the length of vowels in such words are indicated by the italic typeface.

Vowel harmony

The rules of vowel harmony pervade the whole sound structure of the Turkish word, and are noticeable in the distribution of vowels. Any one of the eight Turkish vowels may appear in the first syllable of a word. It is the general principle that the vowel immediately preceding a consonant or consonants determines the type of the following vowel.

i e	ü ö	ı a	u o	preceding vowels
i	ü	ı	u	following vowels

i ü e ö	ı u a o	preceding vowels
e	a	following vowels

Thus, when we work out the possibilities, we see that for any given vowel in the first syllable, there are only two vowels which can possibly appear in the following syllable:

Preceding vowel	*Following vowel*
i	e, i
e	e, i
ü	e, ü
ö	e, ü
ı	a, ı
a	a, ı
u	a, u
o	a, u

Examples:

With front vowels:

etek	skirt	**örtü**	table-cloth
ülke	country	**ütü**	iron
Ekim	October	**ipek**	silk
iyi	good	**öğle**	noon

With back vowels:

ABla	elder sister	**akıl**	mind
ufak	tiny	**okul**	school
ucuz	inexpensive	**sokak**	street
ışık	light	**sıra**	desk

It now becomes clear that the following vowel may either be open (i.e. **e** or **a**), or close (i.e. **i**, **ü**, **ı** or **u**) depending on its phonetic environment. Therefore, from now on throughout the text, we shall use the Symbol **E** and **I** to indicate the changeability of these vowels depending on their environment. The symbol **E** will stand for the alternation between **e** and **a**, **I** will stand for the alternation between **i**, **ı**, **u**, and **ü**. For example, when we write the plural suffix **-lEr**, it has the form **-ler** or **-lar** according to its environment:

çocuk	child	**sene**	year
çocuklar	children	**seneler**	years

The suffix **-lI**, indicating 'with' or 'having', has the form **-li**, **-lü**, **-lı**, or **-lu**:

şeker	sugar	**akıl**	intelligence
şekerli	with sugar	**akıllı**	intelligent
süt	milk	**tuz**	salt
sütlü	with milk	**tuzlu**	salty

Exceptions to vowel harmony rules

There are many words in Turkish which do not conform to the rules of vowel harmony. Some of these are of European origin and others are borrowings from Arabic or Persian. But the vowels of the suffixes attached to these words are still conditioned by the immediately preceding vowel.

Examples (with **-lEr** plural suffix):

memur	civil servant	**metod**	method
memurlar	civil servants	**metodlar**	methods
anne	mother	**otomobil**	car
anneler	mothers	**otomobiller**	cars
imza	signature	**komPOSto**	stewed fruit
imzalar	signatures	**komPOStolar**	stewed fruits

Also, the progressive tense suffix **-Iyor** has an alternating vowel **I** in the first syllable, but has an invariable **o** in the second which causes it to violate the rules of vowel harmony. Examples:

iTİyor	he, she, it is pushing	**oKUyor**	he, she is reading
aÇIyor	he, she, it is opening	**süRÜyor**	he, she is driving

EXERCISE 1

The infinitive suffix in Turkish is **-mEk** (e.g. **yürü–** 'walk', **yürümek** 'to walk'). Put the following verb roots into the infinitive form:

(a) **al**	take	(e) **ısır**	bite
(b) **ol**	be	(f) **it**	push
(c) **gel**	come	(g) **uç**	fly
(d) **öl**	die	(h) **ürk**	fear

EXERCISE 2

The second person singular suffix is **-sIn**. Using the present progressive tense suffix **-Iyor** with **-sIn**, put the verb roots in section A above into second person singular progressive form, e.g. **yüRÜyorsun** 'you are walking'.

The answers to these and all the exercises in the book may be found in the key to exercises starting on p. 188.

CONSONANTS

Pronunciation practice

P p [p] As the **p** in **pin, apple**

B b [b] As the **b** in **bus, big**

T t [t]
D d [d] Similar to [t] and [d] in English. In Turkish, the tip of the tongue touches the back of the upper teeth whereas in English it touches the gums behind the upper teeth. If you have the cassette, compare the following Turkish-English pairs:

tip (type) – **tip**
bit (lice) – **bit**
top (ball) – **top**
it (dog) – **it**

dal (branch of a tree) – **dull**
dem (moment, time) – **damn**
dek (until, up to) – **deck**

K k [k]
G g [g] Like the English [d] and [g]. However, the Turkish [k] and [g] become fronted (palatal) before or after front vowels, (**e, i, ö, ü**). Compare the following Turkish pairs as pronounced by a native speaker on the cassette:

kek	cake	**kok**	smell (*verb*)
kir	dirt	**kır**	plain
gel	come (*verb*)	**gol**	goal

In certain words the fronted Turkish [d] and [g] may occur before the back vowel [a]. This feature is marked with a circumflex accent on the vowel:

kâr	profit	**gâvur**	infidel
rüzgâr	wind		

Also, compare:

kâr	profit	**kar**	snow

F f [f] As the **f** in **fit**, **fat**.

V v [v] In the initial position in a word it is pronounced as **v** in English, but in middle and final positions the friction is quite weak. It is articulated either with little friction between the two lips or with none at all, almost approximating to the English **w**. Listen to the native speaker on the cassette:

sevgi	love	**kavak**	poplar
havlu	towel	**davul**	drum
tavşan	rabbit	**kavun**	melon
tavuk	chicken		

S s [s] As the **s** in **sat**, **soon**.

Z z [z] As the **z** in **zoo**, **zero**.

Ş ş [ʃ] As the **sh** in **shoe**, **shop**, **dish**, **push** or **s** in **sure**.

J j [ʒ] As the **s** in **usual**, **leisure**, **confusion**, **vision**, **measure**.

R r [r] Similar to the English [r]. Both English and Turkish [r] are pronounced with the tip of the tongue touching just the ridge of the upper gums, but the Turkish [r] is articulated with more friction. Practise:

rica	request	**raf**	shelf
renk	colour	**radyo**	radio
ruh	spirit		

The British [r] does not occur in word final positions although it is represented as **r** in the orthography. In American English, however, [r] does occur in such positions but is pronounced with a frictionless continuant sound. Therefore, great care should be taken in practising the Turkish [r] sound in final positions. Practise:

var	there is	**Türk**	Turk
bir	one	**dört**	four
ver	give	**kırk**	forty
kar	snow	**kork**	fear (*verb*)
kir	dirt	**kürk**	fur
sır	secret	**kurt**	wolf
yer	place	**terk**	leave (*verb*)
sor	ask	**fark**	difference
gür	thick	**sirk**	circus
tur	tour	**demir**	iron
kör	blind	**müdür**	director
gör	see	**hazır**	ready
kır	plain	**memur**	official
vur	hit (*verb*)		

Also, practise the final [r] in the progressive suffix **-Iyor** (remember that **-I** stands for the alternation between **i, ı, u**, and **ü**):

gel	come	**geLİyor**	he, she, it is coming
bak	look	**baKIyor**	he, she, it is looking
gör	see	**göRÜyor**	he, she, it is seeing
otur	sit	**otuRUyor**	he, she, it is sitting
konuş	speak	**konuŞUyor**	he, she is speaking
ver	give	**veRIyor**	he, she, it is giving
bırak	leave	**bıraKIyor**	he, she, it is leaving
dön	return	**dÖnüyor**	he, she, it is returning

Note that the stress is on the **-I**.

H h [h] Like the **h** in **how**, **hat**, **ahead**. However, the English [h] does not occur in word final positions. The following words, therefore, should be practised:

sabah	morning	**eyvah**	Oh dear!
siyah	black	**Allah**	God
talih	luck		

In rapid speech, [h] before a consonant is often lost and the preceding vowel is lengthened, e.g.:

kahve	coffee	[ka: vɛ]
bahşiş	tip, gratuity	[ba: ʃ i ʃ]
kahvaltı	breakfast	[ka: valtɯ]
Mehmet	[mɛ: mɛt]	
Ahmet	[a: mɛt]	
seher	dawn	[sɛ: ɛr]

Ç ç [tʃ] Like the English **ch** in **church**, **catch**, **rich**, **batch**:

bıçak	knife	**çürük**	rotten
güç	difficult	**için**	for
çiçek	flower	**çabuk**	quick

C c [dʒ] Like the English **j** in **Jim**, **just**, **jam**, **jazz**, or **g** in **Roger**, **age**, **large**:

cam	glass	**acı**	hot, bitter
cami	mosque	**gece**	night

M m [m] Like the English **m** in **meal**, **make**, **lemon**, **among**, **seem**:

mermer	marble stone	**kendim**	myself
MAsa	table	**evim**	my house
benim	my		

N n [n] Similar to the **n** in **net**, **noon**. In Turkish the tip of the tongue touches the back of the upper teeth whereas in English it touches the gums. However, this should not cause any pronunciation difficulty:

nane	mint	**ben**	I
nuMAra	number	**en**	width
nüfus	population	**ne**	what

Before **g** and **k**, it is pronounced as the English sound normally written as **-ng** as in **thing**, or **-nk** in **thinker**:

renk	colour	**zengin**	rich
BANka	bank	**denk**	bale
ANkara		**çünkü**	because

It could also be assimilated to [m] before **b** and **p** in colloquial speech, e.g. **İsTANbul** may be pronounced as **İsTAMbul**, and similarly **tenbel**, 'lazy' as **tembel**.

L l [l] While the Turkish [l] is pronounced with the tip of the tongue touching the back of the upper teeth, the English [l] is pronounced with the tip of the tongue touching the gums behind the upper teeth. But such a variation in the position of the tip of the tongue does not significantly affect the quality of **l** sounds.

Although both Turkish and English have two different **l** sounds each, the 'clear l' (palatalized as in **leaf** and **lif** 'fibre') and 'dark l' (velarized as in **pull** and **pul** 'stamp') their distribution within the word structure is not always the same. This causes a major pronunciation difficulty for learners of Turkish.

The general principle concerning the Turkish l within a word syllable is that it is a 'clear l' when preceded or followed by front vowels (**i, e, ö, ü**), e.g. as in **fil** 'elephant', **leş** 'carcass', **sel** 'flood', **LİTre** 'litre', **çöl** 'desert', **lösemi** 'leukaemia', **gül** 'rose', **LÜTfen** 'please'; and a 'dark l' when preceded or followed by back vowels (**a, o, u, ı**), e.g. as in **loş** 'dim, dark', **kol** 'arm', **dal** 'branch', **laVANta** 'lavender', **pul** 'stamp', **kıl** 'hair', **lıkır lıkır** 'glugging sound'.

In English, on the other hand, it is a 'clear l'

before all vowels, whether they are front or back, e.g. **love**, **loss**, **leaf**, **lip**, **let**, **loose**, etc., and a 'dark l' only before consonants and in final positions, e.g. **fill**, **filled**, **pull**, **silk**, **dull**, **hall**, etc.

One of the main conflicting features of pronunciation which is due to the interference of the English **l** into Turkish is in word final positions. While English always has a 'dark l' in such positions, Turkish has a 'dark l' only after back vowels, but has a 'clear l' only after front vowels, which is unlike English. Therefore, great care should be taken at the outset to overcome this source of pronunciation difficulty. The following exercises should help the reader to distinguish between the two different pronunciations of **l** in the English-Turkish contrasting pairs:

il	(city)	–	**ill**
bil	(know)	–	**Bill**
dil	(tongue, language)	–	**deal**
fil	(elephant)	–	**fill**
sel	(flood)	–	**sell**
göl	(lake)	–	**girl**
pil	(battery)	–	**pill**
bel	(waist)	–	**bell**
yel	(wind)	–	**yell**
Nil	(the river Nile)	–	**nil**
mil	(mile)	–	**mill**
tel	(wire)	–	**tell**
kil	(clay)	–	**kill**

The Turkish 'clear l' should also be practised:

zil	bell	**gülmek**	to laugh
böl	divide	**gelmek**	to come
gel	come	**ölmek**	to die
sil	erase	**milli**	national
kül	ash	**belli**	obvious
gül	rose	**eller**	hands

kel	bald	**bülbül**	nightingale
silk	shake (*verb*)	**değil**	not
tilki	fox	**elli**	fifty
bilmek	to know		

Now practise the 'dark l' in the following Turkish words. (Note that it is pronounced as 'clear l' in similar phonetic environments in English word syllables):

saLAta	salad	**losyon**	lotion
salon	saloon	**kalmak**	to remain
yanlış	mistake	**bulduk**	we found
yolculuk	trip	**musluk**	water tap
bulut	cloud		

Also, practise both the final [r] and the [l] sounds in the plural suffix **-lEr**. (Remember that **E** stands for the alternation between **a** and **e**):

'Dark l':

akşam	evening	**akşamlar**	evenings
ağaç	tree	**ağaçlar**	trees
araba	car	**arabalar**	cars
uçak	aeroplane	**uçaklar**	aeroplanes
sıra	row	**sıralar**	rows
bina	building	**binalar**	buildings

'Clear l':

gün	day	**günler**	days
gece	night	**geceler**	nights
otel	hotel	**oteller**	hotels
teşekkür	thanks	**teşekkürler**	many thanks
şehir	city	**şehirler**	cities
kalem	pencil	**kalemler**	pencils

Exceptions: In certain loan words, **l** is also 'clear', although it occurs before or after the back vowels **a**, **o**, and **u**. This feature is occasionally marked orthographically in certain words with a circumflex accent on **â**:

plan	plan	**plaj**	beach
lâmba	lamp	**lâle**	tulip
blok	block	**kabul**	acceptance
flaş	flash	**rol**	role
kâlp	heart	**lâzım**	necessary
sulh	peace		

Y y [j] Like the **y** in **yes**, **year**.

Consonant changes

During the process of agglutination, when a suffix is added to a word stem (or to a preceding suffix), two types of consonant change may occur:

(a) The initial consonant of the newly added suffix may be changed.

(b) The final consonant of the word stem (or the preceding suffix) may be changed.

There are four consonant pairs which are involved in such changes:

t-d **p-b** **ç-c** **k-g** or **-ğ**.

We shall use the symbol **D** for the alternation between **t** and **d**, **B** between **p** and **b**, **C** between **ç** and **c**, and **G** between **k** and **g** or **ğ**.

Type A:

If a suffix begins with the variable consonant pair **t-d** or **ç-c**, and is attached to a voiceless consonant (**ç**, **f**, **h**, **k**, **p**, **s**, **ş**, **t**), it appears in its voiceless form (**t** or **ç**); but when attached to a voiced sound (consonant or vowel), then it appears in its voiced form (**d** or **c**).

For example, the suffix **-CI** has the form **-çI** after a voiceless consonant but **-cI** after a voiced consonant or a vowel. (Remember that **I** stands for the alternation between **i, ı, u,** or **ü**):

süt	milk	**sütçü**	milkman
POSta	post	**POStacı**	postman
balık	fish	**balıkçı**	fisherman or fishmonger
kapı	door	**kapıcı**	doorman
kahve	coffee	**kahveci**	coffee-house keeper
yalan	lie	**yalancı**	liar
top	cannon	**topçu**	artilleryman

Similarly, the locative suffix **-DE** has the form **-dE** or **-tE** depending on the voicing. (Remember that **E** stands for the alternation between **a** or **e**):

ev	house	**evde**	in (at) the house
okul	school	**okulda**	in (at) the school
üniversite	university	**üniversitede**	in (at) the university
klüp	club	**klüpte**	in (at) the club
ANkara		**ANkarada**	in Ankara
İZmir		**İZmirde**	in Izmir
sokak	street	**sokakta**	at (on) the street

EXERCISE 3

The past tense suffix in Turkish is **-DI**. Use this to put the following verb stems into the past tense form:

(a) **at**	throw	(e) **söyle**	say
(b) **oku**	read	(f) **yaz**	write
(c) **iç**	drink	(g) **düş**	fall
(d) **konuş**	speak	(h) **gör**	see

EXERCISE 4

The suffix **-CE** indicates the language when added to the name of the relevant country, nationality or ethnic group, e.g. **Türk** 'Turk', **TURKçe** 'Turkish (language)'. Add the suffix **-CE** to the words below:

(a) **Çin**	China	(g) **FRANsız**	French
(b) **DaniMARka**	Denmark	(h) **Alman**	German
(c) **NORveç**	Norway	(i) **Yunan**	Greek
(d) **İzLANDa**	Iceland	(j) **Arap**	Arab

(e)	**Rus**	Russian	(k) **Japon**	Japanese
(f)	**İspanyol**	Spanish		

Type B:

The final voiceless consonants **p**, **t**, **k**, or **ç** on certain words change to their voiced counterparts **b**, **d**, **g-ğ**, or **c** when followed by a suffixed vowel. However, they remain voiceless either when the word has no suffix or when they are followed by a suffix beginning with a consonant. (Few Turkish words, with the exception of few loan-words, end with **b**, **d**, **g**, or **c**)

kitap	book	**kitabı**	the book	**kitaplar**	books
yurt	homeland	**yurdu**	the homeland	**yurtlar**	homelands
renk	colour	**rengi**	the colour	**renkler**	colours
ağaç	tree	**ağacı**	the tree	**ağaçlar**	trees

When the final **k** is preceded by a vowel, it changes to **ğ**:

sokak	street	**sokağı**	the street	**sokaklar**	streets
çocuk	child	**çocuğu**	the child	**çocuklar**	children

A very few Turkish verb stems undergo such a change. The only prominent examples are:

git	go	**gitmek**	to go	*but*	**gider**	he, she, it goes
et	do	**etmek**	to do	*but*	**eder**	he, she, it does

In certain loan-words, the word final **g**, when preceded by a vowel, changes to **ğ** before a vowel suffix is added, e.g.:

sosyolog sociologist	**sosyoloğu** the sociologist	**sosyologlar** sociologists
katalog catalogue	**kataloğu** the catalogue	**kataloglar** catalogues

Many monosyllabic nouns, and some nouns of more than one syllable do not exhibit the same phenomenon, e.g.:

top	ball	**topu**	the ball	**toplar**	balls
sepet	basket	**sepeti**	the basket	**sepetler**	baskets
ok	arrow	**oku**	the arrow	**oklar**	arrows
maç	game	**maçı**	the game	**maçlar**	games

However, in a few monosyllable nouns **k** changes to **ğ** and **ç**, **p** to **b**, and **t** to **d**. For example:

çok	many	**çoğu**	the many
cep	pocket	**cebi**	the pocket
taç	crown	**tacı**	the crown
tat	taste	**tadı**	the taste

BUFFER 'y'

When a word ends with a vowel and is attached to a suffix beginning with a vowel, the buffer semi-vowel **y** is introduced between the two vowels, e.g.:

gece	night	**geceyi**	the night	*but* **geceler**	nights
halı	carpet	**halıyı**	the carpet	*but* **halılar**	carpets
araba	car	**arabayı**	the car	*but* **arabalar**	cars
dişçi	dentist	**dişçiyi**	the dentist	*but* **dişçiler**	dentists
kutu	box	**kutuyu**	the box	*but* **kutular**	boxes
sözcü	spokesman	**sözcüyü**	the spokesman	*but* **sözcüler**	spokesmen

Also, if the final vowel of the verb root is e or a, it may be narrowed by the following buffer **y** into **i** or **ı**. For example, the future tense suffix is **-EcEk**:

beklemek to wait		
bekle+y+EcEk:	**bekleyecek**	may become
	bekliyecek	he, she, it will wait
anlamak to understand		
anla+y+EcEk:	**anlayacak**	may become
	anlıyacak	he, she, it will understand
istemek to want		
iste+y+EcEk:	**isteyecek**	may become
	istiyecek	he, she, it will want

However, both are equally acceptable forms of spelling and pronunciation.

LOSS OF VOWELS

Loss of vowels occurs commonly in some bisyllabic nouns whose final syllable is a close vowel (**i**, **ü**, **ı** or **u**) followed by a consonant (usually **r**, **m**, **n**, **l** or **z**). The vowel before the final consonant is lost when a suffix beginning with a close vowel is attached. The vowel lost still serves as the influencing vowel in determining the vowel of the suffix. Study the following examples using the suffix **-Im**, the first person singular pronoun indicating possession. Remember that **-I** stands for **i**, **ü**, **ı** or **u**:

Loss of **i**:

şehir	city	**şehrim**	my city
isim	name	**ismim**	my name
beyin	brain	**beynim**	my brain

Loss of **ü**:

ömür	life	**ömrüm**	my life
göğüs	chest	**göğsüm**	my chest

Loss of **ı**:

kısım	part	**kısmım**	my part
karın	stomach	**karnım**	my stomach
ağız	mouth	**ağzım**	my mouth
sabır	patience	**sabrım**	my patience
akıl	intelligence, mind	**aklım**	my intelligence, mind

Loss of **u**:

oğul	son	**oğlum**	my son
burun	nose	**burnum**	my nose

But such nouns retain their original structure if they are added to a suffix beginning with a consonant, e.g.:

isimler	names	**göğüsler**	chests
oğullar	sons	**kısımlar**	parts

Also, the present progressive suffix **-Iyor** causes the preceding vowel to drop, e.g.:

bekle+Iyor:	**bekleyor**	becomes
	bekLIyor	(he, she, it is waiting)
anla+Iyor:	**anlayor**	becomes
	anLIyor	(he, she, it is understanding)
ist+Iyor:	**isteyor**	becomes
	isTIyor	(he, she, it is wanting)

Using the negative suffix **-mA, A** (**e** or **a**) is dropped, e.g.:

bekle+mE+Iyor/ bekle+me+Iyor:	**beklemeyor**	becomes
	bekLEmiyor	(he, she, it is not waiting)
anla+mE+Iyor/ anla+ma+Iyor:	**anlamayor**	becomes
	anLAmıyor	(he, she, it is not understanding)
iste+mE+Iyor/ iste+me+Iyor:	**istemeyor**	becomes
	isTEmiyor	(he, she, it is not wanting)
oku+mE+Iyor/ oku+ma+Iyor:	**okumayor**	becomes
	oKUmuyor	(he, she is not reading)
gör+mE+Iyor/ gör+me+Iyor:	**görmeyor**	becomes
	GÖRmüyor	(he, she, it is not seeing)

DOUBLE CONSONANTS

Pairs of identical consonants in the middle of a word are pronounced over a longer time than single consonants. The first consonant closes the prior syllable, the second belongs to the following syllable. Compare **eli** 'his hand' with **elli** 'fifty'. Listen to the following words spoken by a native speaker:

milli	national	**teşekkür**	thanks
belli	obvious, apparent	**HATta**	moreover, even
yollamak	to send	**müfettiş**	inspector
dikkat	attention	**Allah**	God
bakkal	grocer	**ANne**	mother
muhakkak	certain	**evvel**	before

Practise the pronunciation of the following words having non-identical consonants in word-medial positions. Make sure that each consonant is pronounced individually with proper syllabification:

IZgara	grill	**LÜTfen**	please
ahçı	cook	**hafta**	week
ŞAPka	hat	**ayırtmak**	to reserve
akşam	evening	**boşaltmak**	to empty
kahve	coffee	**karpuz**	watermelon
kibrit	matches	**doktor**	doctor
köprü	bridge	**BANka**	bank
dünya	world	**birkaç**	several
eşya	possessions	**makbuz**	receipt
kerTENkele	lizard	**içmek**	to drink
ANkara		**çiftçi**	farmer

Ders 1 (Lesson 1)

GREETINGS

Nasılsınız?	*Formal*
Nasılsın?	
Ne var ne yok?	*Informal*
Ne haber?	

İyiyim. Teşekkür ederim.
İyilik (sağlık)

İyi günler efendim. Nasılsınız?
Teşekkür ederim.[1] İyiyim. Siz nasılsınız?
Teşekkür ederim. Ben de iyiyim.

Good day, sir/madam. How are you?
I'm well. Thank you. (And) you?
I'm well too. Thank you.

Merhaba, ne haber?
İyilik. Sende ne var ne yok?
Bende de iyilik. Sağol.

Hello, how are things?
OK. How are you doing?
I'm OK too. Thanks.

[1]See Ders 4 for alternatives to **teşekkür ederim**.

Common greetings

Merhaba	Hello
Selâm	Hello
Günaydın	Good morning
İyi günler	Good day
İyi akşamlar	Good evening

There is no equivalent expression for 'Good afternoon' in Turkish. Occasionally **tünaydın** is used, but it is not common. Instead, **iyi günler**, also used in the morning, is a more acceptable greeting.

Forms of address

Bay: used for males, either with the name in full or with the surname, in the same way as 'Mr' is used in English:
Bay Ali Can or **Bay Can**

Bayan: The female counterpart of **Bay**:
Bayan Lâle Dolu or **Bayan Dolu**.

Turkish does not distinguish between Mrs, Miss and Ms.

Bey: less formal than **Bay**, but is still a polite form of address which is used after the first name:
Ahmet Bey

Hanım: the female counterpart of **Bey**.

Beyefendi: is used for males and is a polite and formal honorific form of address, indicating respect for the person addressed. Like 'sir' in English, it is used alone, without a name:
Günaydın, beyefendi. Good morning, sir.

Hanımefendi: the female counterpart of **Beyefendi**:
İyi günler, hanımefendi. Good day, madam.

Sayın: (literal meaning, 'esteemed') Used before any of the forms mentioned above or only with the surname.

Efendim: an expression of politeness which does not make a distinction between the sexes:
Evet efendim Yes sir/madam.

Pronouns

ben	I	**biz**	we
sen	you	**siz**	you
o	he/she/it	**onlar**	they

Note that Turkish does not make any distinction between genders, therefore **o** serves for 'he', 'she' and 'it'.

The pronouns **sen** and **siz** function in a way similar to the French *tu* and *vous* or the German *du* and *Sie*. **Sen** is used informally for close friends, relatives, children etc. **Siz** is used formally for more distant acquaintances, strangers, superiors or people to whom one wishes to be polite, as well as when addressing more than one person.

Location

When attached to a word, the locative suffix **-DE** expresses location:

İstanbul'da	in Istanbul
sende	in you
gazetede	in the newspaper

If written separately, it means 'something too':

ben de	me too
annem de	my mother too
Ankara'da	in Ankara too

Please note that an apostrophe is used before adding suffixes to a proper noun.

EXCHANGING NAMES

Adınız İsminiz Soyadınız	ne(dir) . . . mI?	
. . . -(I)nIzIn	adı ismi soyadı	ne(dir)?

Günaydın efendim. İsminiz nedir lütfen?[1]
Ali.
Soyadınız?
Can.

Good morning, sir. What's your name, please?
Ali.
Your surname?
Can.

Adınız nedir?
Ayşe. Sizin?
Ali.

What's your name?
Ayşe. (And) yours?
Ali.

Affedersiniz, sizin isminiz Ali mi?
Hayır. Benim ismim Murat Tok.
Dok mu?
Hayır. Tok. T-O-K.
Pekiyi, çocuklarınızın ismi ne?
Çocuklarım yok. Ben evli değilim.

Excuse me, is your name Ali?
No. My name is Murat Tok.
Is it Dok?
No, Tok. T-O-K.
Well then, what are your children called?
I don't have (any) children. I'm not married.

Pardon, siz Ali Can mısınız?
Evet, benim./Hayır, ben Murat Tok'um.

Excuse me, are you Ali Can?
Yes, I am./No, I'm Murat Tok.

[1]An alternative to **isim** is **ad**, which could have been used here, giving the question **Adınız nedir lutfen?**

Forming plurals

The plural suffix is **-lEr**:

çocuk	child	**çocuklar**	children
gün	day	**günler**	days
akşam	night	**akşamlar**	nights
isim	name	**isimler**	names

Indicating possession

Possession in Turkish is indicated by means of various suffixes:

1 by indicating in whose possession the noun is:

ben-im	my
sen-in	your
o-nun	his/her/its
biz-im	our
siz-in	your
onlar-ın	their

2 by suffixes which are added to the noun, and which match those indicating the possessor:

	After consonants	After vowels
Singular		
1	**-Im**	**-m**
2	**-In**	**-n**
3	**-I**	**-sI**
Plural		
1	**-ImIz**	**-mIz**
2	**-InIz**	**-nIz**
3	**-lErI**	**-lErI**

Hence:

Benim	adım	babam	eşim	dedem
Senin	adın	baban	eşin	deden
Onun	adı	babası	eşi	dedesi
Bizim	adımız	babamız	eşimiz	dedemiz
Sizin	adınız	babanız	eşiniz	dedeniz
Onların	adları	babaları	eşleri	dedeleri

In colloquial speech, possessive pronouns are almost always omitted since the suffix attached to the possessed item indicates who the possessor is:

soyadım	my surname
adresin	your address
çocuğu	his/her child

Possessive suffixes may follow the plural suffix:

çocuğum	my child	**çocuklarım**	my children
dedemiz	our grandfather	**dedelerimiz**	our grandfathers

If a further suffix is added after the possessive suffix **-sI**, a buffer 'n' is inserted:

batı-sı-n-da	in/to the west

3 by the genitive case suffix, used when the possessor is denoted by a noun rather than a pronoun. This suffix is **-In** after consonants and **-nIn** after vowels:

kızın adı	the name of the girl
Ali'nin soyadı	Ali's surname
Osman Bey'in adresi	Osman Bey's address
Hanımefendinin eşi	the lady's spouse

The genitive case suffix (**-In** and **-nIn**) can also be preceded by possessive suffixes:

babamın adı	my father's name
kızlarının telefonu	the telephone of their daughter

If, however, the first noun does not appear to have the genitive case suffix, then it is used as a qualifier to the second noun, and not as a possessive. For example:

Ankara şehri	the city of Ankara
Hilton oteli	Hilton hotel
Hava alanı	airport
Türkiye Cumhuriyeti	Turkish Republic

Personal suffixes

These are added to nouns and adjectives to make sentences without verbs, or non-verbal sentences:

bekâr-ım	I'm single
iyi-yim	I'm fine
hasta-yım	I'm ill
öğretmen-im	I'm a teacher

The suffixes used are:

	After consonants	*After vowels*
Singular		
1	**-Im**	**-(y)Im**
2	**-sIn**	**-sIn**
3	–	–
Plural		
1	**-Iz**	**-(y)Iz**
2	**-sInIz**	**-sInIz**
3	**-lEr**	**-lEr**

Expressing availability and non-availability

Var and **Yok** function as 'to have' and 'not to have' in English:

çocuğum var	I have a child
paramız yok	We don't have (any) money

Note that the possessive suffixes are used here to indicate the possessor.

In other contexts, they may be translated as 'there is (are)' or 'there is (are) not':

İstanbul'da çok turist var.	There are many tourists in Istanbul.
Türkçede 'w' yok.	There is no letter 'w' in Turkish.

Asking a question

The interrogative suffix is **-mI**:

Çocuğunuz var mı?	Do you have a child?
Siz evli misiniz?	Are you married?

This suffix can stand as a word on its own in non-verbal sentences, and may have personal suffixes attached to it, as in the second example. The only exception to this in the suffix **-lEr**, which is not attached to **-mI** but to another word in the sentence, for example, to the negative **değil**.

Değil

The word **değil** has two functions in Turkish.

1 It negates the non-verbal sentences and is followed by personal suffixes:

Ben evli değilim.	I'm not married.
Sen Türk değilsin.	You're not Turkish.

2 It is used like question tags in English. In this case, it does not take the personal suffixes:

O bekâr, değil mi?	He is single, isn't he?
Siz hasta değilsiniz, değil mi?	You are not ill, are you?

Making general statements

Non-verbal general statements or questions may appear with the suffix **-DIr** at the end, although this is usually dropped in informal speech:

Formal:	**Türkiye'nin başkenti Ankara'dir.**	The capital of Turkey is Ankara.
Informal:	**Türkiye'nin başkenti Ankara.**	
Formal:	**İsminiz nedir?**	What's your name?
Informal:	**İsminiz ne?**	

EXERCISE 1

Fill in the gaps with the right suffixes:

(a) Ben. . . sigara. . .
(b) O. . . adres. . .

(c) Sen. . . otomobil. . .
(d) Ahmed'. . . bisiklet. . .
(e) Peter'. . . ceket. . .
(f) Susan'. . . telefon. . .
(g) Biz. . . bira. . .

EXERCISE 2

Make negative questions from the following:

Örnek (example): O – bekâr
O bekâr değil mi? Isn't he single?

(a) Çocuk – Türk
(b) Onlar – evli
(c) Biz – İtalyan
(d) Siz – İngiliz
(e) Ahmet – doktor
(f) Ayşe – sekreter

EXERCISE 3 (Exercise 1)

Make questions from the following by using a question tag:

Örnekler: O Mehmet.
O Mehmet, değil mi?
Onlar Japon değiller.
Onlar Japon değiller, değil mi?

(a) Garson evli.
(b) Pilot Türk.
(c) Ali çocuk değil.
(d) Müzisyenler hasta değiller.
(e) Hakkı Bey bekâr.
(f) Hanımefendi öğretmen değil.

EXERCISE 4 (Exercise 2)

How would you pronounce these names?

(a) Talip Çapa
(b) İnci Sayın
(c) Kazım Ünlü
(d) Leman Ölmezgil
(e) Güngör Alper

EXERCISE 5

(a) You want to find out your neighbour's surname. How do you ask it?
(b) You meet Talip Çapa at six o'clock in the evening. How do you greet him?
(c) You arrive at your office in the morning. What does your colleague say to you?
(d) How do you enquire about your friend's health?
(e) If someone says 'ne haber' to you, how do you answer?

Ders 2

ASKING SOMEONE'S NAME

	hanımın		
Bu	kızın	adı	
Şu	oğlanın	ismi	ne(dir)?
O	adamın	soyadı	

What is this/that man's/woman's . . . name?

	bey	
Bu	çocuk	
Şu	beyefendi	kim(dir)?
O	kadın	

Who is this/that man/child . . .?

	Ali	
Bu	Ahmed'in oğlu	
Şu	Ayten Hanım	değil mi?
O	Cemal'in annesi	

Isn't this/that Ali/Ahmed's son . . .?

ASKING ABOUT SOMEONE'S FAMILY

Ali Bey evli mi, bekâr mı?
Evli.
Çoluk çocuğu var mı?
Var, bir kızı bir oğlu var.
Karısının ismi ne?

Ayşe.
Çocuklarının?
Kızının Selma, oğlunun Taner.

Is Ali Bey married or single?
Married.
Has he got (any) children?
He has. (He's got) a daughter and a son.
What's his wife's name?
Ayşe.
(And) his children's?
His daughter's (name is) Selma, his son's Taner.

Ayşe Hanım'ın kardeşi var mı?
Var. Bir erkek, bir de kızkardeşi var.
Erkek kardeşi bekâr mı?
Nişanlı.
Kızkardeşi?
O evli.
Adı ne?
Gül Sağlam.
Kocasının adı?
Ahmet.

Does Ayşe Hanım have any brothers or sisters?
She does. (She has) a brother and a sister.
Is her brother single?
(He is) engaged.
Her sister?
She is married.
What's her name?
Gül Sağlam.
Her husband's name?
Ahmet.

Ali Bey'in annesi ve babası kim?
Dr Mehmet Koç ve Suzan Hanım.
Yani, Dr Mehmet Bey Selma ve Taner'in dedesi. Öyle mi?
Evet. Selma ve Taner, Mehmet Bey ve Suzan Hanım'ın torunları.

Who are Ali Bey's mother and father?
Dr Mehmet Koç and Suzan Hanım.
So Dr Mehmet Bey is Selma and Taner's grandfather. Is that so?
Yes. Selma and Taner are Mehmet Bey and Suzan Hanım's grandchildren.

The family

evli	married	**nişanlı**	engaged
bekâr	single	**dul**	widowed/divorced

abla	older sister	**eş**	spouse
ağabey/abi	older brother	**karı**	wife
anne	mother	**kız**	girl, daughter
baba	father	**kızkardeş**	sister
bebek	baby	**koca**	husband
çocuk	child	**kuzen**	cousin
dede	grandfather	**oğlan**	boy, son
enişte	sister's husband	**torun**	grandchild
erkek kardeş	brother	**yenge**	brother's wife

anneanne	grandmother on mother's side
babaanne	grandmother on father's side

kadın	female/woman	**erkek**	male/man

This/That

bu	this	**bunun**	of this
şu	that	**şunun**	of that
o	that	**onun**	of that
bunlar	these	**bunların**	of these
şunlar	those	**şunların**	of those
onlar	those	**onların**	of those

Note that **o** 'that' is the same as **o** 'he/she/it' and similarly onun 'of that' is the same as 'his/her/its'.

Bu and **o** are used in a similar way to 'this' and 'that' in English, that is, in accordance with the distance of an object from the speaker. **Şu**, on the other hand, has more to do with the speaker's feelings and emotions, regardless of whether the object is in or out of sight. A very common usage of **şu** carries the implications of pity, indifference or dislike towards, or belittlement of, the object it qualifies:

Şu çocuğa birkaç kuruş verelim.	Let's give a few coins to that poor little – child.

Turkish differs from English in its use of demonstratives in that the plural form is used only when it stands alone. If it is used in conjunction with a noun, the singular form is used:

bunlar	these	**bu perdeler**	these curtains

The suffix **-rE** is added to all three demonstratives to identify location (**bura-**, **ora-**, **şura-**) although these only form the base on to which further case suffixes are attached:

burada	in here	**oradan**	from there

-rE may be added to **ne**, 'what' in a similar manner, again forming a base to which further suffixes are attached:

Doğum yeriniz neresi?	What is your place of birth?

EXERCISE 1

Ask if:

(a) this is Ayşe Hiç's daughter, Selma.
(b) that is Ayla's brother, Osman.
(c) this is Ahmet's wife, Neşe.
(d) that is Mehmet's son, Kerim.
(e) this is Nazmi Bey's mother, Ayten Hanım.
(f) that is Fatma Okur's grandfather, Ömer Okur.

EXERCISE 2

If you are addressing one of the following, which form of greeting would be appropriate: **Nasılsın?** or **Nasılsınız?**

(a) çocuğunuz
(b) doktorunuz
(c) sekreteriniz
(d) kuzeniniz

EXERCISE 3

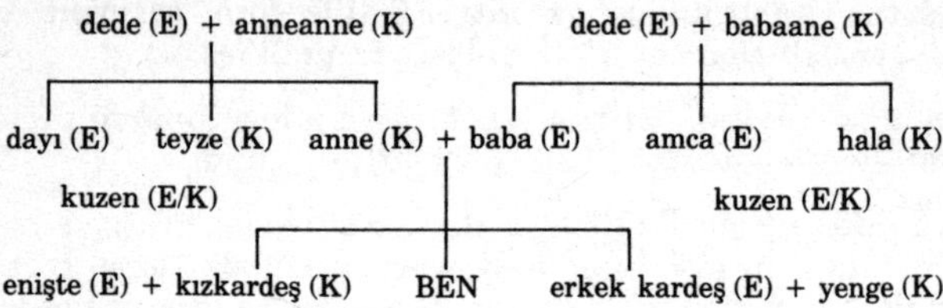

Benim neyim olur . . . what is the relation to me . . .

(a) anneannemin kocasının kızı?
(b) annemin erkek kardeşinin çocuğu?
(c) amcamın babasının karısı?
(d) kızkardeşimin kocası?
(e) babamın kızkardeşi?
(f) eniştemin karısının dayısı?

EXERCISE 4

'Hüseyin Akbaş ve Behice Akbaş'ın oğlu, Lâle ve Hâle Akbaş'ın erkek kardeşi, Ayla Tan ve Mehmet Akbaş'ın babası, Yeşim Tan ve Nazlı Akbaş'ın dedesi, Canan Akbaş'ın sevgili eşi HAKKI AKBAŞ 8 Mart 1991 Cuma günü vefat etmiştir.'

Can you draw the family tree for the deceased Hakkı Akbaş?

MEETING STRANGERS

(Tanıştığımıza) memnun oldum. Ben de (memnun oldum).

Introducing yourself

İyi günler efendim, ben Osman Pek.
İyi günler beyefendi. Memnun oldum. Ben de Ali Nar.
Memnun oldum.

Good day, sir, I'm Osman Pek.
Good day, sir. I'm pleased to meet you. And I am Ali Nar.
Pleased to meet you.

Affedersiniz, siz Ali Nar değil misiniz?
Evet, siz?
Ben Halil Temiz.
Tanıştığımıza memnun oldum.
Ben de.

Excuse me, aren't you Ali Nar?
I am, (and) you?
I'm Halil Temiz.
Pleased to meet you.
Likewise.

İyi günler hanımefendi.
?
Ben Ali Nar. Amerikan Ekspres'ten.
Aaa, tabii. Merhaba.

Good day, madam.
?
I'm Ali Nar. From American Express.
Oh, of course. Hello.

Introducing others

Ahmet Bey, sizi Ali Nar ile tanıştırayım. Ali Bey Amerikan Ekspres'te tercüman. Ali Nar. Ahmet Mutlu.
Memnun oldum, beyefendi.
Ben de.

Ahmet Bey, let me introduce you to Ali Nar. Ali Bey is an interpreter at American Express. Ali Nar. Ahmet Mutlu.
Pleased to meet you, sir.
Likewise.

İle

İle has two meanings, 'with' and 'and'. It can be added to the preceding word in which case the initial 'i' is dropped. If the last letter of the word is a vowel, 'y' is inserted before **-le**:

Ahmet'le Ayşe geliyorlar.	Ahmet and Ayşe are coming.
Ahmet Ayşeyle geliyor.	Ahmet is coming (together with Ayşe).

In Turkish a means of transport also takes the suffix **-ile** rather than a preposition:

Otobüsle Ankara'ya gidiyorlar.	They are going to Ankara by bus.

From

The suffix **-DEn**, known as the ablative case suffix, marks the departure point:

Ankara'dan	from Ankara	**benden**	from me

EXERCISE 5

Introduce your bank manager (**banka müdürü**) Cemil Acıbadem to your neighbour (**komşu**) Ayhan Toros.

DISCUSSING WORK

Mesleğiniz/İşiniz ne?
Ne iş yaparsınız?
Nerede çalışırsınız?

Mesleğiniz ne?
Memurum.

What's your profession?
I'm a civil servant.

Ne iş yaparsınız?
Profesörüm.

What (kind of) work do you do?
I'm a (lecturer).

Nerede çalışırsınız?
Sefarette sekreterim.

Where do you work?
I'm a secretary at the Embassy.

Common professions

aktör	actor	**manav**	greengrocer
artist	actress	**muhasebeci**	accountant
asker	soldier	**mühendis**	engineer
avukat	solicitor	**müzisyen**	musician
bakkal	grocer	**öğrenci**	student
banker	banker	**öğretmen**	teacher
çiftçi	farmer	**polis**	policeman
diplomat	diplomat	**politikacı**	politician
dişçi	dentist	**postacı**	postman
doktor	doctor	**profesör**	professor
eczacı	pharmacist	**rejisör**	film director
ev kadını	housewife	**ressam**	painter
gazeteci	journalist	**sekreter**	secretary
hakim	judge	**sporcu**	sportsman/ woman
hostes	hostess		
iş adamı	businessman	**subay**	lieutenant
iş kadını	businesswoman	**şarkıcı**	singer
işçi	worker	**şöför**	driver
kasap	butcher	**tercüman**	interpreter
kütüphaneci	librarian	**terzi**	tailor
		yazar	writer

Indicating specialization

When the suffix **-CI** follows a noun, it indicates specialization in the field designated by the noun:

kitap	book	**kitapçı**	bookstore/bookseller
yoğurt	yoghurt	**yoğurtçu**	yoghurt seller
hizmet	service	**hizmetçi**	maid

Places of work

banka	bank	**muhasebe**	accounts office
dükkân	shop	**ofis**	office
fabrika	factory	**okul**	school
garaj	garage	**postahane**	post-office
hastahane	hospital	**sinema**	cinema
lokanta	restaurant	**tiyatro**	theatre

EXERCISE 6

Answer the questions below.

Örnekler: Paul Gauguin ressam mı?
Evet, ressam.
Dostoevsky öğretmen mi?
Hayır, öğretmen değil, yazar.

(a) Margot Fontaine fizikçi mi?
(b) Yves Saint Laurent politikacı mı?
(c) François Mitterand balerin mi?
(d) Einstein modacı mı?
(e) Boris Becker iş adamı mı?
(f) Steven Spielberg tenisçi mi?

EXERCISE 7

Kim nerede çalışır? Who works where?

Örnek: **Öğretmen okulda çalışır.**

(a) üniversitede
(b) fabrikada
(c) ofiste
(d) gazetede
(e) bankada
(f) muhasebede?

EXERCISE 8

Fill in the blanks in the following dialogue:

. . .
Merhaba.
. . .
Hayır değilim. Adım Ayşe Hoş.
. . .
Ben de.
. . .
Hayır, postahanede çalışırım. Memurum.

Ders 3

ENQUIRING ABOUT SOMEONE'S AGE

Kaç yaşındasınız? Yaşınız kaç? . . . (I)nIz kaç yaşında/aylık?	. . . yaşındayım Yaşım . . . (DIr) . . . -(I)m . . . yaşında/ aylık
Doğum tarihiniz ne(dir)? Hangi tarihte doğdunuz?	Doğum tarihim . . . (DIr) . . . -DE doğdum

Kaç yaşındasınız?
Otuziki yaşındayım.

How old are you?
I'm thirty-two (years old).

Doğum tarihiniz ne?
3 Kasım 1965.
Yani, yaşınız kaç?
Bu yıl Kasım'da yirmi yedi oluyorum.

What's your date of birth?
3 November 1965.
So how old are you?
This November I'll be twenty-seven.

Hangi tarihte doğdunuz?
1945'liyim.

(In) what year were you born?
(In) 1945.

Bebeğiniz kaç aylık?[1]
Altı aylık.

How (many months) old is your baby?
Six months old.

[1]Note the suffix **-lık** here, which has the meaning 'of something', hence **altı aylık** literally means 'six of months' i.e. 'six months'.

Months of the year

ay month

Ocak	January	**Temmuz**	July
Şubat	February	**Ağustos**	August
Mart	March	**Eylül**	September
Nisan	April	**Ekim**	October
Mayıs	May	**Kasım**	November
Haziran	June	**Aralık**	December

For further vocabulary associated with time and the calendar, see Ders 8.

Numbers

The cardinal numbers are:

1	**bir**
2	**iki**
3	**üç**
4	**dört**
5	**beş**
6	**altı**
7	**yedi**
8	**sekiz**
9	**dokuz**

10	**on**	11	**onbir**	12	**oniki**	etc.
20	**yirmi**	21	**yirmibir**	etc.		
30	**otuz**	31	**otuzbir**	etc.		
40	**kırk**	41	**kırkbir**	etc.		
50	**elli**	51	**ellibir**	etc.		
60	**altmış**	61	**altmışbir**	etc.		

70	**yetmiş**	71	**yetmişbir**	etc.	
80	**seksen**	81	**seksenbir**	etc.	
90	**doksan**	91	**doksanbir**	etc.	
100	**yüz**	101	**yüzbir**	125	**yüzyirmibeş** etc.
200	**ikiyüz**	300	**üçyüz**	etc.	
1000	**bin**	2000	**ikibin**	etc.	
1,000,000	**milyon**				

The ordinal numbers are:

birinci	first
ikinci	second
üçüncü	third
yüzüncü	hundredth

The word **ilk** also means 'first', but in contrast to 'last' rather than having the sense of 'first in order' or 'first in a list'.

A number used as an adjective affects the form of the noun it qualifies. If the quantity of the noun is not specified, the plural suffix indicates whether there are more than one of the noun, but if a number is used as an adjective, the plural suffix may be dropped. If there are other adjectives describing the same noun, they follow the number:

güzel kızlar	pretty girls
beş güzel kız	five pretty girls
beş kız	five girls

EXERCISE 1

Read the following numbers in Turkish:

(a) 347
(b) 59
(c) 8612
(d) 153,842
(e) 35,906
(f) 1,034,951

EXERCISE 2

Can you guess what these famous book titles are?

(a) Yüzbir Dalmaçyalı
(b) Seksen Günde Dünya Seyahatı
(c) Ali Baba ve Kırk Haramiler

(d) Binbir Gece Masalları
(e) Üç Silahşörler
(f) Deniz Altında Yirmibin Fersah

EXERCISE 3

Ahmed'in doğum tarihi 7 Ocak 1945. İki çocuğu var; Ayşe ve Gül. Gül yirmibir yaşında, Ayşe yirmidört yaşında. Ahmet yirmibeş yaşında iken Gül doğdu. Ayşe'nin doğum yılı nedir? (**iken** when)

ASKING WHERE SOMEONE COMES FROM

Doğum yeriniz neresi? Nerede doğdunuz? Nerelisiniz? Neredensiniz? Memleket neresi?

Memleket neresi?
Eskişehir.

What is your home town?
Eskişehir.

Nerede doğdunuz?
New York'da.

Where were you born?
(In) New York.

Doğum yeriniz neresi?
Ankara.

What is your place of birth?
Ankara.

Nerelisiniz?
Ingilizim. Londralıyım.

Where are you from?
I'm English. I'm a Londoner.

Neredensiniz?
Almanya'danım.

Where are you from?
(From) Germany.

Countries, nationalities and languages

memleket *country*	taabiyet *nationality*	lisan *language*
Almanya	Alman	Almanca
Amerika	Amerikalı/Amerikan	İngilizce
Avustralya	Avustralyalı	İngilizce
Belçika	Belçikalı	Fransızca
Büyük Britanya	İngiliz	İngilizce
Çin	Çinli	Çince
Fransa	Fransız	Fransızca
Hindistan	Hintli	Hintçe
İngiltere	İngiliz	İngilizce
İspanya	İspanyol	İspanyolca
Irak	Iraklı	Arapça
İtalya	İtalyan	İtalyanca
Japonya	Japon	Japonca
Kanada	Kanadalı	İngilizce/Fransızca
Portekiz	Portekizli	Portekizce
Rusya	Rus	Rusça
Suriye	Suriyeli	Arapça
Türkiye	Türk	Türkçe
Yeni Zelanda	Yeni Zelandalı	İngilizce
Yunanistan	Yunanlı	Rumca

If the adjective indicating nationality is to be used to qualify a noun, the last syllable **lI** (if it is present) is dropped:

Hintli	Indian (native)	**Hint müziği**	Indian music

The suffix -lI

The suffix **-lI** is added to nouns to form adjectives or new nouns meaning 'having' or 'with' the indicated property:

dikkat	attention	**dikkatli**	attentive
güneş	sun	**güneşli**	sunny
şehir	city	**şehirli**	city man
Amerika	America	**Amerikalı**	American

EXERCISE 4

Answer the questions:

(a) Graham Greene İtalyan mı?
(b) Charles Bronson Fransız mı?
(c) Verdi Amerikalı mı?
(d) Edith Piaf Belçikalı mı?
(e) Hercule Poirot Alman mı?
(f) Laurel ve Hardy İngiliz mi?

EXERCISE 5

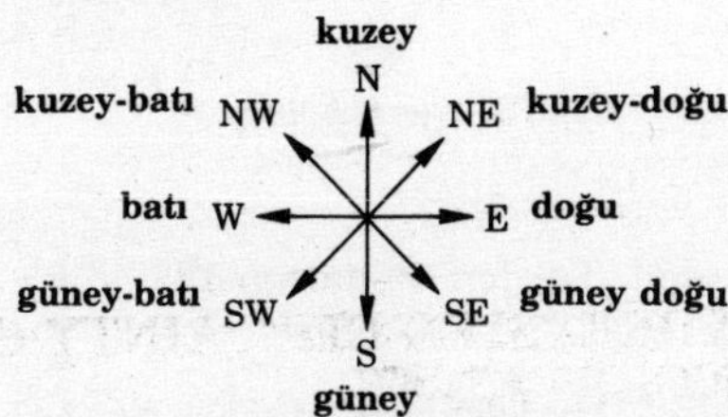

Örnek: Ankara İstanbul'un neresinde?
Ankara İstanbul'un doğusunda.

(a) Cambridge Londra'nın neresinde?
(b) Japonya Kore'nin neresinde?
(c) Portekiz İspanya'nın neresinde?
(d) Hamburg Münih'in neresinde?
(e) Trabzon Antalya'nın neresinde?
(f) İtalya İngiltere'nin neresinde?

EXERCISE 6

Below are some factual, fictional or fairy-tale characters. Guess how they translate using the glossary if required:

(a) Kamelyalı Kadın
(b) Kırmızı Şapkalı Kız
(c) Truvalı Helen
(d) Çizmeli Kedi
(e) Aslan Yürekli Rişar
(f) Fareli Köyün Kavalcısı

EXCHANGING ADDRESSES

Adresiniz ne? Nerede oturuyorsunuz? Eviniz nerede?

Nerede oturuyorsunuz?
İzmir'de. Atatürk Bulvarı'nda. Okulun yanında.

Where do you live?
In Izmir. On Atatürk Bulvarı. Next to the school.

Adresiniz ne?
23 Serçe Sokak, Şişli, İstanbul. Telefon numaram 137 48 95.

What's your address?
23 Serçe Road, Şişli, İstanbul. My telephone number (is) 137 48 95.

Eviniz nerede?
Bahçelievler'de. 6. Cadde, Tunalı Sitesi, B Blok, Kat 7, Daire 2.

Where is your house?
In Bahçelievler. (The address is) 6th Street, Tunali Housing Estate, B Block, Floor 7, Flat 2.

A Turkish address

apartman	small block of flats	**daire**	flat
blok	block of flats	**kat**	floor
bulvar	avenue	**semt**	district
		site	housing estate
cadde	street	**sokak**	road

The progressive tense

-Iyor, the progressive tense suffix, denotes continuing activity or an activity to be done in the future:

Televizyon seyrediyor.	He is watching television.
Akşam İstanbul'a gidiyorum.	I'm going to Istanbul tonight.

In addition to **oturmak** 'to live in' and **çalışmak** 'to work', conceptual verbs (such as 'to know', 'to think', 'to understand') and perception verbs ('to see', 'to hear', etc.) are expressed in the progressive in Turkish, in contrast to the simple present tense used in English:

Adana'da oturuyor.	He lives in Adana.
Bankada çalışıyorum.	I work in a bank.
İngilizce biliyoruz.	We know English.
Otobüsü görüyorsun, değil mi?	You see the bus, (don't you)?

For a full list of the singular and plural forms see the verb tense charts starting on p 171.

EXERCISE 7

Fill in the application form:

Adınız:	....	
Soyadınız:	....	
Cinsiyetiniz:	kadın	erkek
Adresiniz:	....	
	....	
	....	
	....	
Telefon numaranız:	....	
Yaşınız:	. . . . . .	
Doğum yeriniz:	....	
Taabiyetiniz:	....	
Medeni haliniz:	evli	bekâr
Mesleğiniz:	....	
Tarih:	. . /. . /. . .	
İmzanız:	....	

EXERCISE 8

Who lives where?

MESLEK APARTMANI

Altıncı kat:	İş adamı	Dişçi	Avukat
Beşinci kat:	Mühendis	Öğretmen	Fizikçi
Dördüncü kat:	Banker	Piyanist	Doktor
Üçüncü kat:	Terzi	Pilot	Aktör
İkinci kat:	Şöför	Ressam	Kütüphaneci
Birinci kat:	Memur	İşçi	Öğrenci

New words to know:

yan	side	**üst**	above
alt	below	**ara**	in between

Örnek: Piyanist nerede oturuyor?
**Piyanist, doktor ile bankerin arasında/
doktorun yanında
pilotun üstünde
öğretmenin altında oturuyor.**

(a) Terzi nerede oturuyor?
(b) Öğretmen nerede oturuyor?
(c) Şöför nerede oturuyor?
(d) Öğrenci nerede oturuyor?

EXERCISE 9 (Exercise 1)

(a) Your friend's wife is not with him. Ask him where she is.
(b) Ask the lady sitting next to you on the train how old her daughter is.
(c) You have met a couple on the beach. Ask what part of Turkey they are from.
(d) Find out from the operator what the telephone number of the British Embassy is.
(e) Give the official your date of birth.

Ders 4

WELCOMING

Hoş geldiniz. Buyrun Girin

Hoş geldiniz.
Hoş bulduk.[1]

Welcome.
Thank you.

Buyrun, içeri buyrun.
Teşekkür ederim.

Come in, come inside.
Thank you.

Girin, girin.
Rahatsız etmiyelim.
Rica ederim. Hiç rahatsızlık değil.

Come in, come in.
Don't let us disturb you.
Not at all. It's no disturbance at all.

[1]**Hoş bulduk** is a set phrase with no real equivalent in English.

EXPRESSING A PREFERENCE

mI . . . mI?

Bahçede mi oturmak istersin yoksa içerde mi?
Ya bahçede ya da balkonda. Bugün hava çok güzel.
Kahve veya çay? Ne tercih edersin?
Kahve lütfen.
Türk kahvesi mi Neskafe mi arzu edersin?
Türk kahvesine pek memnun olurum.
Şekerli mi sade mi?
Orta şekerli mümkün mü?
Tabii mümkün.

Do you wish to sit in the garden or indoors?
Either in the garden or on the balcony. The weather is very nice today.
Coffee or tea? Which do you prefer?
Coffee, please.
Would you rather have Turkish coffee or Nescafè?
I'd be very happy to have Turkish coffee.
With or without sugar?
Is it possible to have it with some sugar? (literally, 'with medium sugar')
Of course (it's possible).

The definite object

If the object in a sentence is a definite noun, this is marked with the suffix **-(y)I**, the accusative case suffix:

Kitabı istiyorum.	I want the book.
Beni görüyor musun?	Do you see me?

If the object is indefinite, the noun is used either without any marker, or with the word **bir** meaning 'one':

Kitap istiyorum.	I want any (kind of) book.
Bir kitap istiyorum.	I want a book.

Wanting to

If the object of **istemek** 'to want' is a verb, then this verb appears in the infinitive form, just as in English:

Bu odayı bebek odası yapmak istiyorum.	I want to make this room the baby's room.
Beyefendi, kızınızla evlenmek istiyorum.	I want to marry your daughter, Sir.

The simple present tense (-Ir)

This tense is used for (a) habitual action, (b) intended action (in promises or threats) or for checking if something is possible (as in 'will you come?' or 'would you like to buy . . .?) and (c) requests in question form:

Her akşam dokuzda yatarım.	I go to bed at nine every night.
Sabah erken gelirim.	I will come early tomorrow, (I promise).
Kapıyı kapar mısın?	Would you close the door?

For a full list of single and plural forms, see the verb tense charts starting on p. 171.

Either . . . or . . .

To express 'either . . ., or . . .', use **ya . . ., ya da . . .**

Kışın ya battaniye ya da yorgan kullanırız.	In winter we use either a blanket or a quilt.
Bütün gün ya bılaşık yıkar, ya çamaşır yıkar, ya da evi temizler.	All day she washes the dishes, or does the washing, or cleans the house.

Common adjectives

acaip	strange	**kolay**	easy
ahmak	stupid	**komik**	funny
boş	empty	**küçük**	little/small
büyük	large/big	**meşgul**	busy
çirkin	ugly	**meşhur**	famous
derin	deep	**mutlu**	happy
dikkatli	careful	**pahalı**	expensive

erken	early	**sağlam**	strong
eski	worn out	**sert**	hard
fakir	poor	**sessiz**	quiet
fena	bad	**sıkıcı**	boring
geç	late	**şanslı**	lucky
genç	young	**ucuz**	inexpensive
gürültülü	noisy	**ufak**	tiny
güzel	beautiful	**yalnız**	lonely
ilginç	interesting	**yaşlı**	old
iyi	good/well	**zengin**	rich
kızgın	angry	**zor**	difficult
kirli	dirty		

EXERCISE 1

Give instructions to an interior designer. Use the adjective pairs

kısa	short	**uzun**	long
büyük	big	**küçük**	small
dar	narrow	**geniş**	wide/spacious
alçak	low	**yüksek**	high
kumaş	fabric	**deri**	leather
desenli	patterned	**düz**	plain
gri	grey	**mor**	purple

Örnek: uzun perdeler **Perdeleri kısa değil, uzun isterim.**

(a) küçük masa
(b) dar büfe
(c) yüksek iskemleler
(d) deri kanepe
(e) mor koltuklar

EXERCISE 2

Match the colours with the items, using the glossary if required:

Örnek: **Süt beyazdır.**

(a) sarı — süt
(b) kırmızı — yaprak

(c) beyaz portakal
(d) yeşil kömür
(e) mavi limon
(f) siyah kahve
(g) turuncu gök
(h) kahverengi kan

SHOWING APPRECIATION

Teşekkür ederim Mersi Sağol Ellerine sağlık	Estağfurullah (Hiç)bir şey değil Rica ederim Sen de sağol Afiyet olsun

Sana zahmet oluyor, çok teşekkür ederim.
Rica ederim, hiç bir şey değil.

You've taken a lot of trouble, thank you very much.
That's all right. Don't mention it.

Kahveniz nasıl? Çok mu şekerli?
Hayır, tam karar. Ne tatlı, ne acı. Ellerinize sağlık[1].
Afiyet olsun.

How's your coffee? Is it too sweet?
No, just right. Neither sweet nor bitter. Thank you.
Not at all.

Hem çayını hem de pastanı sehpanın üstüne koyuyorum.
Sağol.
Sen de sağol.

I'm putting (both) your tea and your cake on the coffee-table.
Thanks.
You're welcome.

[1]The phrase **Ellerinize sağlık** is used in appreciation of something done by hand, such as preparing food or dress-making. **Afiyet olsun** is a response to this when appreciation is expressed for the food.

Neither . . . nor . . .; both . . . and . . .

Ne . . . ne de . . . means 'neither . . . nor . . .', and **hem . . . hem de . . .** means 'both. . . and . . .':

Odanın içinde ne gardrop ne de şifonyer var.	There is neither a wardrobe nor a chest of drawers in the room.
Banyoda hem küvet hem de duş var.	There is (both) a bathtub and a shower in the bathroom.

When **Ne . . . ne de . . .** is used with contrasting properties, it expresses neutrality or compromise:

Bugün hava ne sıcak ne de soğuk.
Today the weather is neither hot nor cold (= just right).

Indicating destination

-(y)E, the dative case suffix, denotes an action towards a destination:

bana	to me	**yatağa**	to bed
Amerika'ya	to America		

Hiç

Hiç is used only in negative or interrogative sentences to mean 'any' or 'none at all':

Restoranda hiç yer var mı?	Is there any room in the restaurant?
Evde hiç şeker yok.	There isn't any sugar at home.
Kahve hiç şekerli değil.	The coffee is not sweet at all.

EXPRESSING SATISFACTION

-DEn memnun musun(uz)?	Çok memnunum Pek memnun değilim Hiç memnun değilim

Ayşe Hanım, hangi çamaşır tozunu kullanıyorsunuz?
Persil kullanıyorum.
Persil'den memnun musunuz?
Hem de çok memnunum.

Ayşe Hanım, which washing powder are you using?
I'm using Persil.
Are you satisfied with Persil.
Very satisfied.

Bu şampuandan memnun musun?
Vallaha, pek memnun değilim. Kepek yapıyor.

Are you happy with this shampoo?
To tell you the truth, I'm not very happy (with it). It causes dandruff.

Ali yeni sekreterinden memnun mu?
Hiç memnun değil.
Neden? Çok güler yüzlü bir kız.
Ama ne İngilizce biliyor, ne de mektupları doğru yazıyor.

Is Ali happy with his new secretary?
Not at all.
Why not? She is a very cheerful girl.
But she can neither speak English nor type the letters properly.

LEAVE-TAKING

Allahaısmarladık Görüşmek üzere Hoşçakal(ın) (Haydi) bana müsaade Eyvallah	Güle güle İyi yolculuklar Yolun (uz) açık olsun

Konsere biletim var, gitmem lâzım. Bana müsaade.
Pekiyi, güle güle.

I've got a ticket for the concert, I have to go. Bye.
Bye.

Herşey çok güzel ama müsaadenizle gitmem lâzım. Allahaısmarladık.
Güle güle. Gene buyrun.

Everything is perfect but with your permission, I have to go. Goodbye.
Goodbye. Do come again.

Hiç vaktim yok, haydi eyvallah.
Güle güle.

I haven't got time (to talk). Cheers.
Cheers.

Tren kalkıyor, allahaısmarladık.
Güle güle. Yolunuz açık olsun.

The train is leaving, goodbye.
Goodbye. Have a nice journey.

Stating necessity

One way of explaining necessity in Turkish is by using **lâzım**, 'necessary' with a personalized verbal noun, i.e. verb stem +**-me**, (the suffix which turns a verb into a noun) + possessive suffix:

otur+ma+n lâzım
(*your sitting is necessary)*
you have to sit

kalk+ma+mız lâzım
(*our getting up is necessary)*
we have to get up

gel+me+leri lâzım
(*their coming is necessary)*
they have to come

For other possibilities, see Ders 11.

Repeated action

One of the ways in which verbs in Turkish are converted into adverbs of manner denoting a repeated action is by using verb stem + **(y)E** in duplicate:

Gazetelere baka baka nihayet kiralık bir ev buldum.	I have at last found a house to rent through constantly looking at the newspapers.
Çarşafları ve yastık yüzlerini yıkaya yıkaya eskitiyorsun.	You are wearing out the sheets and pillow cases by washing them constantly.

EXERCISE 3

Translate the following into English:

(a) çıkması lâzım
(b) oturmanız lâzım
(c) gelmeleri lâzım
(d) bakmam lâzım
(e) başlaması lâzım
(f) kalkmamız lâzım

[OO] EXERCISE 4 ([OO] Exercise 1)

Use the following excuses for leave-taking:

(a) You don't have time
(b) Ahmet Bey is coming tonight
(c) The concert is starting
(d) Your cousin is waiting at the bank

EXERCISE 5

(a) How do you invite your visitors to come into your house?
(b) Ask if your guest wants milk in his coffee.
(c) The light is deceptive. Ask the shop assistant whether the curtains he is showing you are green or blue.
(d) Tell your friend that you are happy with both your new house and the neighbours.
(e) Thank the hotel manager for giving you a large room.

Ders 5

COMPLIMENTING

-(I)nIz	çok	
	pek	. . .
	ne	

Eviniz çok güzel. Güle güle oturun.[1]
Teşekkür ederiz.

Your house is very nice. (May your days in it be happy ones.)
Thank you.

Ooo, yemek odası takımınız şahane. Yeni mi?
Evet yeni.
Güle güle kullanın.

Wow, your dining room suite is super. Is it new?
Yes (it's) new.
(May you use it in good days).

Annenizin yemekleri enfes.
Eh, pek fena değildir.[2]

Your mother's food is delicious.
Well, it's not too bad.

Oğlunuz çok akıllı maşallah.[3] İyi okuyor mu?
Evet, şimdilik iyi.

Your son is very clever. [May God preserve him from evil.]
Does he do well at school? (literally, 'does he read well'*)*
Yes, so far.

[1]*Compliments on newly acquired property may be followed by standard expressions of good wishes. Those most commonly used are:*

Güle güle oturun.	May you have happy days living in it.
Güle güle kullanın.	May you use it in happy days.
Güle güle giyin.	Wear it in happy days.

[2]Recipients of a compliment may wish to show modesty, or make light of the property complimented, and **Eh, pek fena değildir** is one way of doing so.

[3]The 'evil eye', symbolizing the envy of people towards others, is thought to be present in every individual but more easily transmitted by people with blue eyes. Protective measures are taken against the 'evil eye', and one common measure is a blue bead in the shape of an eye and worn on the clothing, especially by young children, who are thought to be more susceptible to it. Similarly, in speech, compliments may be accompanied by **Maşallah** or **Allah nazardan saklasın** or **Nazarım değmesin**, all of which can be translated 'May God protect him/her from the evil eye'.

Household vocabulary

balkon	balcony	**koltuk**	armchair
banyo	bathroom	**koridor**	corridor
bardak	glass	**masa**	table
bıçak	knife	**misafir odası**	reception room
buzdolabı	fridge	**mutfak**	kitchen
büfe	sideboard	**ocak**	cooker
çalışma odası	study	**oturma odası**	sitting-room
çarşaf	sheet	**pencere**	window
çatal	fork	**perdeler**	curtains
çatı	roof	**radyo**	radio
çocuk odası	children's room	**salon**	sitting-room
dolap	cupboard	**sandık odası**	box room

duvar	wall	**tabak**	plate
fincan	cup	**tavan**	ceiling
gardrop	wardrobe	**televizyon**	television
halı	carpet	**tencere**	cooking-pot
iskemle	chair	**tuvalet**	toilet
kanepe	settee	**yastık**	pillow/cushion
kapı	door	**yatak**	bed
kaşık	spoon	**yatak odası**	bedroom
kiler	pantry	**yemek odası**	dining-room
kitaplık	bookcase	**yer**	floor
		yorgan	quilt

EXERCISE 1

Make compliments using the following items with the right qualifier:

Örnek: **Ooo, misafir odanız çok güzel!**

(a)	**kebap**	kebab	**şık**	smart
(b)	**banyo**	bathroom	**rahat**	comfortable
(c)	**elbise**	dress	**akıllı**	clever
(d)	**kız**	daughter	**ferah**	spacious
(e)	**koltuk**	armchair	**lezzetli**	tasty

EXERCISE 2

Nasıl bir ev kiralamak istiyorsunuz?

Answer the question by using some of the features listed below:

müstakil ev	detached house
apartman dairesi	flat
alaturka/alafranga tuvaletli	with Turkish/Western style toilets
teras kat	penthouse
yüzme havuzlu	with a swimming-pool
daimi sıcak sulu	with constant hot water
. . . odalı	with . . . rooms
asansörlü	with a lift

bahçeli	with a garden
şömineli	with a fire place
kaloriferli	with central heating
balkonlu	with a balcony
garajlı	with a garage
geniş salonlu	with a large sitting-room

EXERCISE 3

Explain where things are by choosing the location and the exact proximity.

Örnek: **Diş fırçan banyoda aynanın önünde.**

diş fırçası	toothbrush	**musluk**	tap
diş macunu	toothpaste	**lavabo**	wash-basin
sabun	soap	**ayna**	mirror
tarak	comb	**küvet**	bathtub
saç fırçası	hairbrush	**duş**	shower
yüz havlusu	face towel		
banyo	bathroom	**ön**	front
hamam	Turkish bath	**arka**	back
tuvalet	toilet	**sağ**	right
		sol	left

EXPRESSING AGREEMENT AND DISAGREEMENT

Agreement

Evet
Tabii
(Çok) doğru/haklısınız
Öyle
Ben de öyle düşünüyorum/
aynı fikirdeyim

Bugünün çocukları çok değişik.
Çok değişik, evet. Çok doğru.

Herşeyi anneden babadan bekliyorlar.
Hakikaten öyle.
Mesela benim kızım sabah ondan önce kalkmaz.
Bizim evde de aynı.
Ondan on buçuğa kadar banyodadır. Kahvaltı eder, onbirden sonra telefona koşar. Saat onikide o hâlâ telefondadır.
Yaaaa.
Düşünce yok, yardım yok. O halde diyorum, yaz tatili de yok.
Çok haklısınız.
Bu şekilde öğrenirler.
Ben de aynı fikirdeyim.

Children today are very different.
Very different, true. Very true.
They expect everything from (their) parents.
(It's) precisely (so).
For instance, my daughter does not get up before ten in the morning.
It's the same in our house.
From ten until ten thirty she's in the bathroom. She has breakfast. After eleven she rushes to the telephone. At twelve she is still on the phone.
Exactly.
No consideration, no help. In that case, I say no summer holiday.
You are absolutely right.
That's the (only) way they will learn.
I agree.

Disagreement

Hayır
Katiyyen
Ne demek
Yoo . . .
Hem de çok/pek . . .
Hiç de . . . değil
(Yok canım) . . . mI/ -mEz olur mu?

İçerisi çok dağınık.
Aman efendim. Dağınık ne demek? Estağfurullah.
Böyle buyurmaz mısınız? O koltuk rahatsızdır.
Yoo. Hem de pek rahat.
Pencere açık, üşürsünüz belki.
Hayır, üşür müyüm? Katiyyen üşümem.
Dışarıdan yemek kokuları da geliyor.
Hayır hayır, hiç de gelmiyor.
Bari biraz kolonya buyrun. Yalnız limon bitti. Bu lavanta kolonyası. Belki sevmezsiniz.
Sevmez olur muyum? Bayılırım. Çok teşekkür ederim.

The house is very messy.
Good Lord. You call this messy? I can't agree.
Why don't you sit over here? That armchair is uncomfortable.
No. On the contrary, it's very comfortable.
The window is open, you might feel the cold.
Might I? Of course not.
There's a smell of food coming from outside too.
No, no, there's nothing at all.
At least have some eau-de-cologne. But we've run out of the lemon fragrance. This is lavender water. You might not like it.
Why should you think that? I love it. Thank you very much.

Estağfurullah has already been seen as a response to **teşekkür ederim** (Ders 4), and will also be seen as an answer to an apology (Ders 8). Here, it is used in response to a self-derogatory remark, and may also be used to make light of compliments.

Note too that sprinkling the visitor's hands with eau-de-cologne is an act of hospitality.

İç-Dış; İçeri-Dışarı

İç 'in' and **dış** 'out' always appear with their possessor:

banyonun içinde	inside the bathroom
odanın dışında	outside the room

However, **içeri** and **dışarı** may be used on their own:

Odanın içerisi çok dağınık	The room is very messy
İçerisi çok dağınık	It's very messy inside
Evin dışarısı çok soğuk	It's very cold outside the house
Dışarısı çok soğuk	It's very cold outside

İçeri or **dışarı** can be used:

1 instead of **iç** or **dış** without any change in the meaning:

mutfağın içinde mutfağın içerisinde	inside the kitchen

2 as commands:

İçeri!	Come in!	**Dışarı!**	Go out!

From . . . to

Progress from one point to another is shown by using the suffix sequence **-DEn . . . -(y)E**:

Günden güne iyileşiyor.	He's recovering from day to day (day by day).
Sabahtan akşama kadar çalışıyorum.	I'm working from morning till night (all day).

Questions used to express disagreement

In Turkish, disagreement may be voiced by questioning the previous statements:

Ne demek?	What's the meaning of this?
Üşür müyüm?	Would I feel the cold?
Sevmez olur muyum?	Would I not like it?

A structure can be observed in the questions expressing disagreement and in the statements to which they respond:

1 *Negative statements and responses*:

Beni sevmez.	She doesn't like me.
Yok canım, sevmez olur mu?	Come on, how could she not like you?

Rahat değiller.	They're not comfortable.
Yok canım, rahat olmaz olurlar mı?	Come on, how could they not be comfortable?

2 *Positive statements and responses*:

Geç gelirsiniz.	You will be (*literally* come) late.
Yok canım, geç gelir miyiz?	Come on, would we be (*literally* come) late?
Doğum günümü unutursun.	You'll forget my birthday.
Yok canım, unutur muyum?	Come on, would I forget that?

Hem de; Hiç de

These also appear in expressions of disagreement if the context allows a straightforward contradiction:

1 *Negative statements and responses*:

Galiba pasta lezzetli değil.	The cake is probably not tasty.
Hem de çok lezzetli.	(On the contrary), it's very tasty.
Pek yemediniz.	You haven't eaten much.
Hem de çok yedik.	(On the contrary) we've eaten a lot.

2 *Positive statements and responses*:

Yaşlandım.	I've grown old.
Hiç de yaşlanmadın.	(On the contrary) you haven't grown old at all.
Sıkıldınız.	'You're bored'.
Hiç de sıkılmadık.	(On the contrary) we're not bored at all'.

Duymak

Duymak, 'to hear' is also used in other expressions of sense or feeling:

koku duymak	to smell	**merhamet duymak**	to feel pity
acı duymak	to feel the pain	**korku duymak**	to be frightened

EXERCISE 4

Saat kaç?

saat oniki

saat iki buçuk

saat dördü çeyrek geçiyor

saat yediye çeyrek var

saat ona yirmi var

saat dokuzu yirmibeş geçiyor

saat yarım

saat beşi beş geçiyor

Please note that **var** and **geçiyor**, which are used in reporting the time, change to **kala** and **geçe** respectively, and when the time is referred to as part of a larger sentence:

Saat dokuza beş var.	It's five to nine.
Susan saat dokuza beş kala gelir.	Susan comes at five to nine.
Saat ikiyi on geçiyor.	It's ten past two.
İkiyi on geçe otobüs var.	There is a bus at ten past two.

Now do these:

(a)

(b)

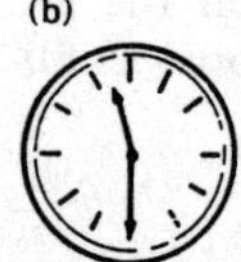

(c)

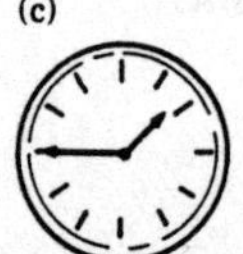

(d)

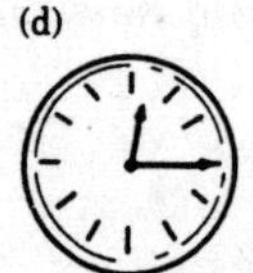

EXERCISE 5

Ahmet Bey'in sabah programı:

5.45	kalkarım
6.00–6.30	yıkanırım ve giyinirim
7.00	kahvaltı ederim
7.30–8.00	gazetelere bakarım
8.15	evden çıkarım
8.30	otobüse binerim
8.50	ofise gelirim
9.00	işe başlarım

Continue with the narrative:

Ahmet Bey sabah saat altıdan önce kalkar . . .

EXERCISE 6

Televizyonda bu akşam . . .

18.00	Kısa haberler
18.15	Dizi film
19.30	Spor
20.00	Saz eserleri
20.30	Kaptan Cousteau
21.00	Haberler
22.00	Dallas
23.00	Kapanış

(a) Saz eserleri saat kaçta başlıyor?
(b) Dallas saat kaçta bitiyor?
(c) Kaptan Cousteau hangi programdan sonra?
(d) Dizi filmden önce hangi program var?
(e) Spor hangi programların arasında?
(f) Haberler saat kaçtan kaça sürüyor?
(g) Kapanıştan iki saat önce ne var?

EXERCISE 7 (Exercise 1)

Disagree with the following statements:

Örnek: Gazeteleri okumaz.
Aaaa, hiç okumaz olur mu?

(a) Gelmezler.
(b) Otobüsle giderler.
(c) Kahvaltı etmez.
(d) Saat dokuzda kalkar.
(e) Onu duymazsın.

EXERCISE 8

(a) Ask your landlady if there is breakfast after nine-thirty.
(b) You notice that your friend is wearing a new suit. Comment on it.
(c) Tell your visitor that the cake is in the fridge.
(d) You want to agree with the comment 'Türk halıları çok güzel'. What do you say?
(e) Someone is complaining about the noise the crickets are making. Tell her that you can't hear a thing.

Ders 6

EXPRESSING LIKES AND DISLIKES

. . . severim -(y)I severim -(y)E bayılırım -DEn zevk alırım -DEn hoşlanırım	. . . pek/hiç sevmem -(y)I pek/hiç sevmem -DEn pek/hiç hoşlanmam -DEn pek/hiç zevk almam	-DEn nefret ederim

Klasik müzik sever misiniz?
Sabahları dinlemeyi çok severim.
Ben hiç sevmem.

Do you like classical music?
I like listening to it in the mornings, very much.
I don't like it at all.

Sinemada John Wayne'in bir filmi var.
Ay, kovboy filmlerinden nefret ederim.

There's a John Wayne film on at the cinema.
Oh, I hate westerns.

İstanbullu kızlara bayılırım.
Neden?
Hep güleryüzlü olurlar.

I love girls from Istanbul.
Why?
They're always cheerful.

Hobileriniz var mı?
Evet, okumaktan çok zevk alırım. Yürümeyi severim. Pul ve kibrit kutusu koleksiyonu yaparım. Yemek pişirmekten de hoşlanırım.
A-a, yemeği eşiniz pişirmez mi?
O pek sevmez.

Do you have (any) hobbies?
I enjoy reading very much. I like walking. I collect stamps and matchboxes. I also like cooking.
Really?! Doesn't your wife do the cooking?
She doesn't like it very much.

Describing people

Physical descriptions:

kısa boylu	short
uzun boylu	tall
şişman	fat
zayıf	thin
genç	young
orta yaşlı	middle-aged
ihtiyar	old
sarışın	blond
kumral	chestnut
esmer	dark
uzun/kısa saçlı	with long/short hair
düz/dalgalı/kıvırcık saçlı	with straight/wavy/curly hair
yeşil/mavi/ kahverengi gözlü	with green/blue/brown eyes
yuvarlak/uzun yüzlü	with a round/long face

Character descriptions:

güleryüzlü	cheerful	**asık suratlı**	grumpy
konuşkan	talkative	**sessiz**	quiet
iyi huylu	good-natured	**huysuz**	difficult
neşeli	joyful	**ters**	grumpy
sempatik	sociable	**antipatik**	unsociable
nazik	polite	**kaba**	rude

akıllı	clever	**akılsız**	stupid
kültürlü	educated	**kültürsüz**	uneducated
utangaç	shy	**cesur**	courageous
iyimser	optimist	**kötümser**	pessimist
yardımsever	helpful	**misafirperver**	hospitable
sakin	calm	**sinirli**	nervous

EXERCISE 1

Add the right suffixes:

(a) piyano çalma. . . bayılırım
(b) kitap okuma. . . çok severim
(c) seyahat etme. . . hoşlanırız
(d) parkta koşma. . . nefret ederler
(e) resim yapma. . . hiç hoşlanmam
(f) fotoğraf çekme. . . çok zevk alırlar

EXERCISE 2

'35 yaşında, uzun boylu, kumral bir erkeğim. Kültürlü, iyi huylu ve yardımseverim. Caz müziği ve dedektif romanları severim. Aynı yaşlarda, sarışın, yeşil gözlü, güleryüzlü, ve nazik bir hanım arkadaş arıyorum. Ilgililerin P.K. 27, Kadiköy İstanbul adresine müracaatları rica olunur.'

Write a similar advertisement for one of your friends.

EXERCISE 3

Below are three groups of words. Form sentences by choosing an appropriate item from each group:

Örnek: **Nadiren klasik müzik dinlerim.**

her zaman	always
her gün/sabah/hafta sonu	every day/morning/weekend
ayda/haftada/günde bir	once a month/week/day
bazen	sometimes
nadiren	rarely

klasik müzik/caz müziği/ pop müziği	classical/jazz/pop music
disko/gece kulübü/çay bahçesi	disco/night club/tea-garden
müze/sanat galerisi/sergi	museum/art gallery/exhibition
konser/sinema/tiyatro	concert/cinema/theatre
kitap/mecmua/gazete	book/magazine/newspaper

gitmek	to go
oynamak	to play
seyretmek	to watch
okumak	to read
dinlemek	to listen

MAKING CORRECTIONS

Bolşoy Balesi bu sene gene geliyor.
Ne zaman? Ağustos'ta mı?
Eylül'de.

The Bolshoi Ballet are coming again this year.
When? In August?
In September.

Bu hafta sinemada Marlon Brando'nun filmi var.
Hangi filmi? 'Baba' mı?
Hayır, 'Paris'te Son Tango'.

There's a Marlon Brando film on at the cinema this week.
Which film? 'The Godfather'?
No, 'Last Tango in Paris'.

Çok enteresan bir roman okuyorum.
Kimin? Du Maurier'nin mi?
Yok, Du Maurier sıkıcı. Bu Thomas Hardy'nin.

I'm reading a very interesting novel.
Who (by)? Du Maurier?
No, Du Maurier is boring. This is (by) Thomas Hardy.

Beşiktaş bu maçı kaybetmez arkadaşım. Beş gol atar.
Nerede oynuyorlar, İstanbul'da mı?
Değil ama gene de kazanır.

Beşiktaş will not lose this game, mate. (They will win) Five-nil.
Where are they playing, in Istanbul?
No, but they will still win.

Çocukları sirke götürmek lazım.
Kim götürüyor, sen mi?
Hayır, sen. Bu babaların işi.

The children have to be taken to the circus.
Who is taking them, you?
No, you. This is a daddy's job.

Tatilde oto-stop yapmaya gidiyoruz.
Nasıl gidiyorsunuz, arabayla mı?
?!

During the holiday we are going to hitch-hike.
How are you going, by car?
?!

Again; still

Gene is one of the three words in Turkish translatable as 'again' (the other two are **yine** and **tekrar**, the latter sometimes being expanded to **tekrardan**):

Gene geliriz. We'll come again.

Gene de means 'still':

Kuyrukta çok bekledim, gene de bilet alamadım.
I waited a long time in the queue, (but) still couldn't get a ticket.

EXERCISE 4 (Exercise 1)

Fill in the blanks with one of the following: **nerede, kaç, kimin, ne zaman, ne, nasıl**:

(a) Ablanın kocası . . . yaşında?
(b) Tatiliniz . . . başlıyor?
(c) Evleri . . .?
(d) Sabah işe . . . gidiyorsun?
(e) Orkestra şefinin ismi . . .?
(f) Bu güzel bisiklet . . .?

EXERCISE 5

Using the key below, make sentences stating what each character likes or dislikes:

1 nefret etmek
2 hiç sevmemek
3 pek sevmemek
4 sevmek
5 bayılmak

	araba kullanmak *to drive a car*	mektup yazmak *to write a letter*	bahçe işi yapmak *to garden*
Nuri	4	1	3
Lale	1	3	4
Erol	5	2	5
Tuna	2	4	1

EXPRESSING CERTAINTY OR UNCERTAINTY

yüzde yüz garanti eminim muhakkak	sanıyorum zannediyorum gibime geliyor

Bu müzik Leonard Bernstein'in gibime geliyor.
Emin misin?
Hayır emin değilim ama öyle sanıyorum.

I have a feeling that this music is Leonard Bernstein's.
Are you sure?
No, I'm not sure (I just have a hunch).

Navratilova aslen Çekoslovakyalıdır.
Emin misin?
Eminim, yüzde yüz.

Navratilova is originally from Czechoslovakia.
Are you sure?
I am, one hundred percent.

Bu akşam Hamlet'i oynuyorlar.
Sanmıyorum.
Ben eminim, bu akşam 'Hamlet' var.

They're playing 'Hamlet' tonight.
I don't think so.
I'm positive, it's 'Hamlet' tonight.

Ali bu gece garanti diskodadır.
Neden? Dans etmeyi çok mu sever?
Bayılır. Muhakkak oradadır.

Ali will be at the disco tonight for sure.
Why? Does he like dancing so much?
He adores it. He's bound to be there.

EXERCISE 6

How intensely can you verify or challenge the truth value of the statements below? The range of possibilities is as follows:

Eminim doğru	I am certain that it is correct
Sanıyorum doğru	I think it is correct
Pek emin değilim	I am not so sure
Sanıyorum doğru değil	I don't think that it is correct
Eminim doğru değil	I am certain that it is not correct

(a) John Steinbeck 1962 yılında Nobel ödülünü aldı.
(b) Atatürk'ün hiç çocuğu yoktu.

(c) Londra'da 50,000 Türk oturuyor.
(d) St Nicholas Türkiye'de, Patara'da doğdu.
(e) Maria Antoinette, Napolyon Bonapart'ın eşidir.
(f) 1990 Dünya Futbol Şampiyonasında İtalya birinci oldu.

Ders 7

APOLOGIZING AND RESPONDING TO APOLOGY

Özür dilerim Affedersiniz Pardon Kusura bakmayın Bağışlayın	Estağfurullah (Hiç) bir şey değil (Hiç) önemli/mühim değil Rica ederim Farketmez Ziyanı yok

Ayakta kalıyorsunuz, özür dilerim.
Hiç önemli değil, rica ederim.

You'll have to stand, I'm afraid.
That doesn't matter, (don't worry).

Yeriniz vagonun sonunda, kusura bakmayın.
Ziyanı yok. Farketmez.

Your seat is at the back of the car, I'm afraid.
No problem. It doesn't matter.

Birinci mevki üçbin beşyüz lira.
Öyle mi? Pardon. Buyrun, beşyüz lira daha.

First class is three thousand five hundred lira.
Really? I beg your pardon. Here's five hundred lira more.

Bakar mısınız? Acaba Sirkeci'ye kaçta varıyoruz?
Affedersiniz ama ben de yolcuyum.

Ah, bağışlayın. Çok özür dilerim.
Estağfurullah.

(Excuse me) I wonder when we arrive at Sirkeci.
I'm sorry but I'm a passenger too.
Oh, forgive me. I'm terribly sorry.
That's all right.

Apologies

Affedersiniz, **özür dilerim** and **pardon** can be used before, during or after the action for which an apology is made as well as a precedent to 'attention-getting' expressions:

Affedersiniz bakar mısınız?	Excuse me, may I have your attention?
Özür dilerim, hiç bozuğum yok.	I'm sorry, I don't have any change.
Pardon, üçüncü peron nerede?	Excuse me, where is Platform 3?

Kusura bakmayın and **bağışlayın** are more common after the action and therefore cannot be used before asking for someone's time and attention.

GETTING THINGS DONE

Asking for things

Bir gidiş-dönüş bilet
Süper benzin (verir misiniz) lütfen
Bir **Ekonomist** mecmuası

Please give me a return ticket
some four-star petrol
an Economist

Bir koka kola
Bir peynirli tost (getirir misiniz) lütfen
Bir limonlu çay

Please bring me a Coca-Cola
a toasted cheese sandwich
a lemon tea

Asking for actions in a polite way

The form is:

Apology + request + reasons:

Pencereyi açar mısınız lütfen, burası çok havasız.
Will you open the window please, it's very stuffy here.

Özür dilerim, bavulunuzu yukarıya koyar mısınız lütfen?
Excuse me (but) will you put your suitcase up?

Pardon, daha hızlı sürer misiniz lütfen, geç kalıyorum.
Excuse me (but) will you drive faster please, (it's) getting late.

More politeness can be expressed by adding the ability suffix **-Ebil** (see Ders 12 for more details):

Pencereyi kapayabilir misiniz?	Could you please close the window?

Giving instructions

4.45 Trenini kaçırmayın. *Don't miss the 4.45 train.*
Bir hamal bulun. *Find a porter.*
Bavulunuzu açın. *Open your suitcase.*
Sıraya giriniz. *Get in the queue.*
25 Numaralı çıkış kapısına gidin. *Go to Exit Gate number 25.*
Diğer yolcuları takip edin. *Follow the other passengers.*
Dışarıya sarkmayınız. *Do not lean out.*

GIVING DIRECTIONS

Buralarda bir Turizm Danışma Bürosu var mı?
Var efendim. Şu köşeden karşıya geçin, düz yürüyün, trafik

ışıklarında sağa dönün, ana yolu takip edin, sonra ilk caddeden sola sapın. Yolun ilerisinde bir meydan var. Turizm Bürosu onun ortasında.

Buradan uzak galiba.

Yok değil, buraya çok yakın. Yürüyerek on dakika sürer. Üniversitenin giriş kapısının karşısında.

Is there a Tourist Office round here?

There is, sir. Cross the road from that corner, walk straight on, turn right at the traffic lights, follow the main road, then take the first street on the left. Further along the road there is a square. The Tourist Office is in the middle of that.

I gather it's (quite) a long walk from here.

No, it's not, it's very near here. It will take (you) ten minutes (on foot). It's opposite the university entrance.

Directives

Singular

2	—
3	**-sIn**

Plural

2	**-(y)In** or **-(y)InIz**
3	**-sInlEr**

Directives in the second person singular indicate either authority (in age, social status, or professional rank) or familiarity on the part of the speaker. It is more polite to use the second person plural for a single audience and this is often the style adopted in commercial directives:

Paketi açın, tencereye boşaltın, içine yarım litre su ilave edin . . .

Open the bag, empty the contents into the pan, add half a litre of water . . .

The third person directives carry the meaning 'let him/them . . .' See the verb tense charts starting on p. 171.

Without

The suffix **-sIz** indicates 'without' and is used as follows:

akıl	intelligence	**akılsız**	stupid
son	end	**sonsuz**	endless
renk	colour	**renksiz**	colourless
ben	I	**bensiz**	without me

Comparative adjectives

Comparison in Turkish is expressed by placing **daha**, 'more' in front of the adjective:

Otobüs daha ucuz ama tren daha hızlı.	The bus is cheaper but the train is faster.
Daha çabuk yürür müsünüz lütfen?	Will you walk faster please?

'Chained' possessive suffixes

The use of the single possessive case suffix, as in **Ahmed-in ev-i** (Ahmet's house) can be extended to express chain possessions:

Ahmed-in ev-i-nin kapı-sı	the door of Ahmed's house

and can be carried on as long as intelligibility permits:

Ahmed-in ev-i-nin kapı-sı-nın kilid-i	the lock of the door of Ahmed's car

By doing something

The suffix **-(y)Erek** is used to indicate 'by doing something'.

Müzik dinleyerek dinleniyorum.	I relax by listening to music.

Note: **dinlemek** 'to listen' and **dinlenmek** 'to relax/rest'

The example **yürüyerek** given in the dialogue 'Giving directions' on p. 91 is translated literally as 'by walking' although in English this is expressed as 'on foot'.

EXERCISE 1

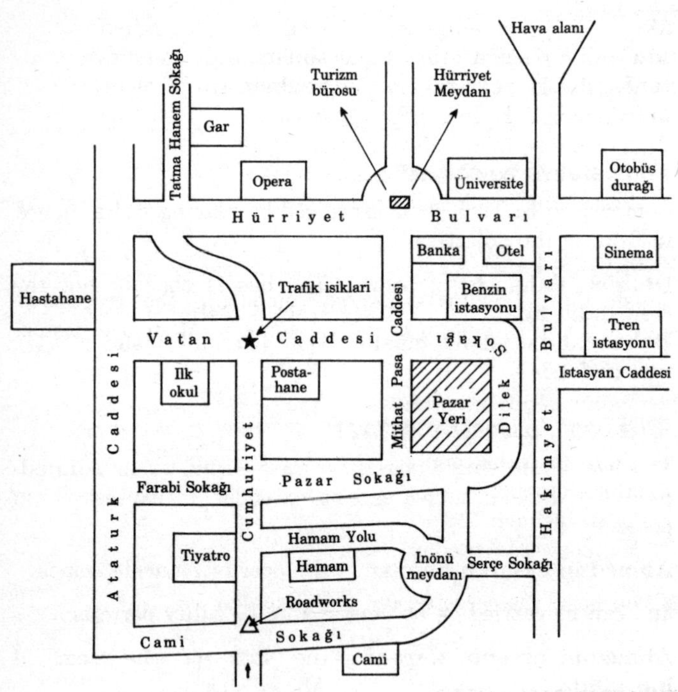

With the help of the map, give directions in response to the following requests for information:

(a) Opera nerede?
(b) Pazar yeri nerede?
(c) Tren istasyonu nerede?
(d) Benzin istasyonu nerede?
(e) Gar nerede?
(f) Banka nerede?
(g) Hava alanı nerede?
(h) Otobüs durağı nerede?

EXERCISE 2

Use the map to check whether the following statements are true or false:

(a) Cami Sokağı Atatürk Caddesinden uzak.
(b) Farabi Sokağı İstasyon Caddesine yakın.
(c) Hamam Yolu Pazar Sokağına yakın.
(d) Üniversite İnönü Meydanından uzak.
(e) Tren istasyonu hastahaneden uzak.
(f) Postahane trafik ışıklarına yakın.

EXERCISE 3

Finish the following sentences comparing the respective speeds of two things. In each case you can either use 'faster' or 'slower':

(a) Vapur deniz motorundan . . .
(b) Bisiklet motosikletten . . .
(c) Kamyon traktörden . . .
(d) Taksi otobüsten . . .
(e) Uçak trenden . . .
(f) Helikopter faytondan . . .

If you have the cassette, try [oo] Exercise 1.

OFFERING HELP

Şişli otobüsü çoktan kalktı.
Aaa, hay Allah. Ne yapacağım şimdi.
Size bir taksi çevireyim mi?

The Şişli bus has left long since.
Oh, blast. What am I going to do now?
Shall I stop a taxi for you?

Bavulu taşıyayım mı, abla?
Pekâlâ, taşı bakalım.

Can I carry your suitcase, [sister]?
OK Let's see (how) you carry (it).

Yardım edeyim mi beyefendi?
Çok naziksiniz ama gereği yok.

Can I help you, sir?
You're very kind but it is not necessary.

Affedersiniz, acaba yardım eder misiniz? 3 Numaralı peronu arıyorum.
Ben sizi götüreyim.

Excuse me, I wonder (if) you could help me. I'm looking for Platform 3.
Let me take you (there).

Yardımcı olabilir miyim hanımefendi?
Teşekkür ederim, sadece bakıyorum.

Can I help you madam?
Thank you but I'm just looking.

For the suffix used to express ability, see Ders 12.

The subjunctive mood

The suffixes for the subjunctive mood are:

Singular	
1	**-(y)Eyim**
2	**-(y)Esin**
3	**-(y)E**
Plural	
1	**-(y)Elim**
2	**-(y)Esiniz**
3	**-(y)Eler**

The functions that the subjunctive mood allows for first person singular and plural are as follows:

1 stating better courses of action:

Pazar günü için bilet alayım.	I'd better buy a ticket for Sunday.

2 asking permission:

Dışarıda bisikletime bine-yim mi?	Shall I ride my bike outside?

3 making suggestions which include the listener in the action:

Gişeden soralım.	Let's ask at the ticket office.

Note that with the second person singular and plural a better course of action is suggested and permission is asked in the directive form:

Bence Pazar günü git.	I'd say, go on Sunday.
Pasaportunu göstersin mi?	Would you like him to show his passport?

The second person singular and plural in the subjunctive mood indicate a purpose:

Pazar günü gidesin (gidesiniz) diye bilet alıyorum.
I'm buying a ticket so that you can go on Sunday.

For the use of **diye** in giving reasons for actions, see Ders 15.

The third person singular and plural in the subjunctive mood are not in common use.
A further function of the subjunctive mood will be discussed in Ders 8. For a full list of forms see the verb tense charts starting on p. 171.

More terms of address

Terms of address for relatives may be used for non-relatives to indicate closeness.

abla	sister (for young females)
ağabey/abi	brother (for young males)
teyze	aunt (for older females)
amca	uncle (for older males)
kardeşim	my sibling (for equals)
çocuğum	my child (for children)

The diminutive suffix **-cIk** (as in **kedi-cik**, poor/little/dear cat) may be added to proper nouns to form affectionate terms of address, e.g. **Ayşe'ciğim, babacığım**. There are also more personal forms of address such as:

hayatım	my life	**canım**	my soul
şekerim	my sugar	**bir tanem**	my one and only
tatlım	my sweet	**sevgilim**	my love

EXERCISE 4

Match the following parts:

Daha ucuz olur	bekleme salonunda oturalım mı?
Geç kalıyoruz	ilk durakta inelim mi?
Tren rötarlı	gidiş-dönüş alalım mı?
Yanlış otobüsteyiz	yerimizi verelim mi?
Erken varıyoruz	koşalım mı?
Yaşlı adam ayakta kaldı	hazırlanalım mı?

EXERCISE 5

Complete the 'chain' possession expressions and translate them:

Örnek: **Gümrük memurunun hanım arkadaşı**
The lady friend of the customs officer

(a)	Vapur	iskele . . .	bilet . . .	gişe . . .
	boat	*pier*	*ticket*	*box*
(b)	Uğrak	yer . . .	tuvalet . . .	kapı . . .
	special bus stop[1]		*toilet*	*door*
(c)	Seyahat	acenta . . .	sahip . . .	kız . . .
	travel	*agency*	*owner*	*daughter*
(d)	Araba	tamirci . . .	garaj . . .	ön . . .
	car	*repairman*	*garage*	*front*

[1]Coaches on long journeys stop once every two or three hours for the travellers to refresh themselves and stretch their legs. These stops have a special name, **uğrak yeri**.

EXERCISE 6

(a) Someone asks you if the post-office is open on Saturdays. Tell him that you are not sure but you think it is.
(b) You are looking for a pharmacy. Ask a passer-by if there is one in the vicinity.
(c) Ask the shop assistant for a good shampoo.
(d) You are going past a tea-garden. Suggest to your friend that you could stop by and have a coca-cola there.
(e) Someone has just invited you to go to a football match with him. Tell him to go alone as you are not very keen on football.
(f) Ask a fellow passenger what time you are arriving at Ankara train station.

Ders 8

EXPRESSING DISAPPOINTMENT, SURPRISE AND SYMPATHY

Kazada yaralandı. Kolu kırıldı.
Yok canım, sahi mi? Çok üzüldüm. Geçmiş olsun.

He was injured in the accident. His arm was broken.
You don't say! Really? (I'm sorry to hear that.) I hope he recovers soon.

Kanserden dediler.
Aaa, vah vah. Yazık.

They said (it was caused) by cancer.
Oh dear me! What a pity.

Gözleri bozuldu, artık hiç görmüyor.
Ne diyorsun, doğru mu? Allahallah!

His eyesight has deteriorated, he can't see at all any longer.
Good Lord! Is that so?

Geçen ay kalp krizi geçirdim.
Ciddi mi? Yapma yahu. Geçmiş olsun.[1]

I had a heart attack last month.
Are you serious? I'm amazed. I hope you recover soon.

[1]**Geçmiş olsun** (*literally*, may it be passed) is a set expression of politeness used for any kind of hardship, but typically for health problems. If a death is reported, one of the following becomes appropriate:

Başınız sağolsun.	May you live long.
Allah rahmet eylesin.	May God give peace (to the deceased).
Allah geride kalanlara ömür versin.	May God give long life to those left behind.
Toprağı bol olsun.	May he/she rest in peace (non-Muslims only).

Time concepts

günler:

Pazartesi	Monday	**Cuma**	Friday
Salı	Tuesday	**Cumartesi**	Saturday
Çarşamba	Wednesday	**Pazar**	Sunday
Perşembe	Thursday		

mevsimler:

yaz	summer	**yazın**	in the summer
kış	winter	**kışın**	in the winter
ilkbahar	spring	**ilkbaharda**	in the spring
sonbahar	autumn	**sonbaharda**	in the autumn

yazları	every summer
kışları	every winter
ilkbaharları	every spring
sonbaharları	every autumn

dün	yesterday	**hafta**	week
bugün	today	**ay**	month
yarın	tomorrow	**sene, yıl**	year

geçen	last, passed	**gelecek**	next, the one coming
bu	this		

For example:

geçen hafta	**geçen sene**	**geçen Pazar**
bu ay	**bu mevsim**	**bu Salı**
gelecek kış	**gelecek Cuma**	**gelecek hafta**

Parts of the body

ağız	mouth	**dudak**	lip

akciğer	lung	**el**	hand
alın	forehead	**göğüs**	chest
ayak	foot	**göz**	eye
ayak bileği	ankle	**kalça**	hip
ayak parmağı	toe	**kalp**	heart
bacak	leg	**karaciğer**	liver
baş	head	**kas**	muscle
bel	waist	**kaş**	eyebrow
bilek	wrist	**kol**	arm
boğaz	throat	**kulak**	ear
boyun	neck	**miğde**	stomach
burun	nose	**omuz**	shoulder
çene	chin	**parmak**	finger
dirsek	elbow	**saç**	hair
diş	tooth	**vücut**	body
diz	knee	**yanak**	cheek

The past tense suffix

All past actions including those which are represented by the present perfect tense in English are expressed by means of the suffix **-DI** in Turkish:

Düştüm.	I fell.
İyileşmediler.	They have not recovered.
Tedavi oldunuz mu?	Have you received treatment?

For a full list of forms see the verb tense charts starting on p. 171.

EXERCISE 1

18 Mart Pazartesi 1991

(a) Hangi mevsimdeyiz?
(b) Hangi aydayız?
(c) Bugün ayın kaçı?
(d) Bugün günlerden ne?
(e) Beş gün önce tarih ne idi?
(f) 2000 senesine kaç sene kaldı?

EXERCISE 2

Eczaneden hangi ilacı alayım? (**Eczane** chemist, **ilaç** 'medicine')

(a) Boğazım ağrıyor.
(b) Kulağım ağrıyor.
(c) Gözüm ağrıyor.
(d) Başım ağrıyor.
(e) Dişim ağrıyor.

1. Cerumol kulak damlası (**damla** drop)
2. Boots göz melhemi (**melhem** ointment)
3. Licor de Polo diş kremi (**krem** cream)
4. Covonia öksürük şurubu (**öksürük** cough, **şurup** syrup)
5. Aspirin tabletleri (**tablet** tablet)

EXERCISE 3 (Exercise 1)

Make new sentences from those below.

Örnekler: **Hâlâ başınız ağrıyor mu?**
Do you still get headaches?
Hayır, artık hiç ağrımıyor.
No, not any more.

(a) Hâlâ gözleriniz kararıyor mu?
Do you still have blackouts?
(b) Hâlâ dizleriniz titriyor mu?
Do your knees still tremble?
(c) Hâlâ karnınızda gaz oluyor mu?
Do you still get wind (in the stomach)?
(d) Hâlâ miğdeniz bulanıyor mu?
Do you still get nausea?
(e) Hâlâ yemekler kabızlık yapıyor mu?
Does food still give you constipation?
(f) Hâlâ yaranız acıyor mu?
Does your wound still hurt?
(g) Hâlâ çukolata alerji yapıyor mu?
Do you still get an allergic reaction to chocolate?

GIVING ADVICE AND MAKING SUGGESTIONS

Neden (+ necessary action expressed in the negative present continuous form)
Ben olsam. . .
. . . istersen(iz)
Akıl vermek gibi olmasın ama. . ..
-sEne/-sEnize
Bence. . .

Parmağını kesti, çok kanıyor.
Neden melhem sürmüyorsunuz?

She has cut her finger.
Why don't you spread (some) ointment on it?

Yüksek ateşi var, telaşlanıyorum.
Ben olsam bir aspirin veririm.

He has a high temperature, I'm worried.
If I were you I'd give (him) an aspirin.

Mığdem bulanıyor, bilmem neden?
Çok mu yedin acaba? Biraz uzansana.

I feel nauseous. I don't know why.
Have you eaten a lot, I wonder? (Go and) lie down for a while.

Merdivenden düştü. Herhalde ayağı kırıldı.
Akıl vermek gibi olmasın ama bence hemen bir röntgen çektirin.

He fell down the stairs. He's probably broken his foot.
I don't want to sound as if I know better but in my opinion, (you should) have an X-ray taken immediately.

Başımın ağrısını çok merak ediyorum.
Mühim bir şey değil. Geçer. Benim de ağrıyor.

I'm very worried about my headache.
It's nothing important. It will pass. I have a headache too.

Dişim ağrıyor.
Bir dişçiye git istersen.[1]

I've got toothache.
Why don't you see a dentist?

İshal olduk. Ne tavsiye edersiniz?
Aman sakın mayonez yemeyin.

We have diarrhoea. What do you recommend?
Well, whatever you do you must not eat mayonnaise.

[1]**İstersen** means 'if you want to'. For a full explanation of this form, see the section on **ise** in Ders 10.

Informal directives

This suffix **-sEnE/-sEnIzE**, which is available for the second person singular and plural only, is used for informal directives. It has different implications depending on the circumstances:

1 it softens the harsh tone present in a straightforward directive. So **Hastahaneye gitsenize** 'go on, go to the hospital' is more caring and affectionate than **Hastahaneye gidin** 'Go to the hospital'.

2 it demonstrates impatience:

İçeriye gir dedim.	I told you to get in. (Why
Dinlesene.	don't you) listen.
Yemeğini yesene!	(Why don't you) eat!

EXERCISE 4

Replace the appropriate word in the following sentence, with each word in the list in turn. The starting sentence is **operatör eczaneyi tavsiye etti**.

Örnek: dişci **Dişçi eczaneyi tavsiye etti.**

(a) ameliyatı	(g) reçete
(b) ilaçı	(h) gözlük
(c) vermek	(i) tavsiye etmek
(d) hastabakıcı	(j) dinlenme
(e) hap	(k) eczaneyi
(f) doktor	(l) operatör

EXERCISE 5

Make a warning from the following sentences:

Örnekler: Musluktan su içiyor.
She drinks water from the tap.
Aman sakın musluktan su içmesin.
For goodness sake, she must not drink water from the tap.

(a) Güneş altında fazla kalırlar.
They stay in the sun for a long time.
(b) Tuzlu yemek yerim.
I eat salty food.
(c) Arabayı hızlı kullanır.
He drives fast.
(d) Açık denizde yüzerler.
They swim in the open sea.
(e) Günde bir paket sigara içerim.
I smoke a packet of cigarettes a day.
(f) Çok rakı içiyor.
He drinks a lot of rakı.

NARRATING AN INCIDENT

Hasta mısın? Neyin var?
Bir süredir arkamda bir ağrı var.
Nasıl başladı?
Valla, iki ay evvel bir gün denize gittik. Kocam yürüdü, denize girdi. Ben çakıl taşlarını sevmem. Efendime söyliyeyim, iskeleden atlamak istedim. Derken efendim,

tam tahtanın kenarında duruyorum. Çocuklardan biri gelip arkamdan itmesin mi!

Aaa, hay allah!

Ondan sonracığıma, suya ters bir şekilde düştüm. Devamlı ... ne derler adına ... aspirin alıyorum ama henüz bir faydasını görmedim.

Are you ill? What's the matter?

I've had a pain in my back for some time.

How did it start?

Well, one day two months ago we went to the sea. My husband waded into the sea. I don't like pebbles, so I wanted to jump in from the pier. Well, while I was standing right on the edge of the pier, one of the children came (and) pushed me (in) from behind.

Oh, Good Lord!

Well, then I fell into the water in the wrong way. I've been continuously taking ... what do they call it ... aspirins but they haven't had any effect yet.

Since; for

The suffixes used are **-DEn beri** and **-DIr**:

Sonbahardan beri ilaç alıyorum.	I've been taking medicine since the autumn.
Üç gündür tedaviye gidiyor.	She's been going for treatment for three days.
Geçen seneden beri muayeneye gitmedim.	I haven't been for a check-up since last year.
Uzun zamandır aşı olmadık.	We haven't had an injection for a long time.

As is obvious from these examples, in Turkish the simple past tense is used when the present perfect tense is used in English, while the present continuous tense is used for what is expressed by the English present perfect continuous.

dinleniyorum	I have been resting
dinlendim bile	I have rested already

Adverbs which show a point in time take **-dEn beri**:

Pazardan beri	since Sunday
Marttan beri	since March
yazdan beri	since the summer

However if the adverb of time is further specified with a number, it can be used either with **-dEn beri** or with **-dIr** without a change of meaning:

üç geceden beri **üç gecedir**	for the last three nights

Just; yet

Henüz serves both purposes: in positive sentences it means 'just' and in negative ones 'yet':

Henüz kalktım.	I've just got up.
Henüz kalkmadım.	I haven't got up yet.

It is not used in interrogative sentences and therefore 'Have you got up yet?' is simply **Kalktın mı?**

Ever; never

Depending on the sentence structure **hiç** can mean either:

Hiç antibiyotik kullandınız mı?	Have you ever used antibiotics?
Hayır, hiç kullanmadım.	No, I have never used them.
Hiç kan testi yaptırdınız mı?	Have you ever had your blood tested?
Evet yaptırdım. Kan gurubum RH pozitif.	Yes, (I've had it done). My blood type is RH positive.

Time-fillers in conversation

In lengthy narrative speeches, expressions like **Efendime söyliyeyim**, **Ondan sonracığıma**, **Derken efendim** (all translated as 'Well then' for convenience) allow the speaker time to decide what to say next.

Use of the subjunctive mood in narrating an unexpected event

Using the subjunctive mood in the negative and interrogative form is a technique available to speakers to stress the unexpected nature of an event and to create surprise for the listener:

Çocuk birden hastalanmasın mı?
(= *Çocuk birden hastalandı.*)
The child has suddenly been taken ill.

O gün hemşireler grev yapmasın mı?
(= *O gün hemşireler grev yaptı.*)
The nurses went on strike that day.

EXERCISE 6

Change the following into past tense sentences:

Örnek: Çocuk sıcak havada çok susuyor.
Çocuk sıcak havada çok susadı.

(a) *Saunaya terlemek için gidiyoruz.*
We're going to the sauna to sweat.
(b) Jimnastikten sonra karnım acıkır.
After exercising, I get hungry.
(c) Dışarıda oynayınca uykusu geliyor.
After playing outside, he feels sleepy.
(d) Çalışıyorum ama yorulmuyorum.
I'm working but I don't get tired.
(e) Zayıflamak için perhiz mi yapıyorsun?
Are you dieting to slim?
(f) İyileşiyor. Ona çok seviniyoruz.
He's recovering. We're very pleased (about) that.

EXERCISE 7

Fill in the blanks with the suffixes **-DEn . . . -(y)E kadar**, **-DEn önce**, **-DEn sonra**, or **-DE**.

Florence Nightingale Floransa. . . doğdu. 1851. . . 1853. . . Almanya'da Kaiserworth. . . kilise hemşirelerine yardım etti.

1854. . . İngiltere'ye geldi ve Harvey Street. . . bir hastahaneye girdi. O sene İngiltere ile Rusya arasında Kırım Savaşı başladı. Nightingale İstanbul'a gitti ve Üsküdar'da bir hastahane. . . yaralı İngiliz askerlerine baktı. Sonra İngiltere'ye döndü. 1860. . . 'Hemşirelik Notları' kitabını yayınladı. 1860. . . hastalandı ama çalışmayı bırakmadı. 1910. . . Hampshire'da öldü. Bütün dünya onu 'Lambalı Kadın' adı ile bilir.

EXERCISE 8

Complete the following expressions of time with the suffixes **-DEn beri** or **-DIr**. Use **-DIr** wherever it is an alternative:

(a) beş saat. . .
(b) geçen akşam. . .
(c) Ağustos. . .
(d) altı ay. . .
(e) Çarşamba. . .
(f) üç hafta. . .
(g) 1989. . .
(h) iki sabah. . .

EXERCISE 9

(a) Tell the doctor that your throat still hurts and ask him what he recommends.
(b) Someone is complaining about the sun and the heat. Ask him why he does not sit indoors.
(c) You are to meet a friend in front of the concert hall. Tell him that the performance starts at eight and not to be late.
(d) Your tourist guide wants to know if you have ever seen Topkapı. Tell him that you have never been there but would like to see it.
(e) You stop next to a car which has apparently been stranded by the side of the road. How do you express your sympathy and offer help?

Ders 9

EXPRESSING INTENTION

-(y)I planlamak/düşünmek/arzu etmek niyetinde olmak istemek inşallah

Yılbaşında bir şeyler[1] almayı planlıyor musun?
Tabii, hediyesiz Yılbaşı olur mu?
Neler almak[2] niyetindesin?
Herhalde çoğunlukla kıyafet. Kocam için bir takım elbise ile kravat düşünüyorum. Oğluma kazak ve çizme alacağım. Veya saat, bakalım duruma göre. Kızıma bir bluzla etek almak niyetindeyim. Annem uzun zamandır bir palto istiyor. Babama da güzel bir şapka inşallah.[3]
Peki, bana bir şey almıyacak mısın?
Almaz olur muyum? Ama seninkini söylemem.

Are you planning to buy things for New Year's Eve?
Of course, is New Year's Eve conceivable without presents?
What are you intending to buy?
It'll probably be mainly clothing. For my husband I'm thinking of a suit and tie. For my son I'll buy a jumper and boots. Or a watch, we'll see, depending on the situation. I'm intending to buy a blouse and skirt for my daughter. My mother has been asking for a coat for a long time. As for my father, a nice hat, (God willing).
Well, aren't you going to buy anything for me?
Of course I am. But I'm not telling (you what it's going to be).

[1]The phrase **bir şeyler** appears to be a contradiction in terms. It should be learned as a set phrase.
[2]'To buy' in Turkish is **satın almak**, but it is usually shortened to **almak** (to take) for the sake of brevity.
[3]**İnşallah** (originally Arabic, meaning 'God willing') was formerly tinted with fatalism and expressed the view that if God does not permit a course of action or state of affairs, it is futile to make a go of it. In modern language, the religious connotations are partly lost and its function is similar to 'hopefully' in American English.

Clothing and jewellery

ayakkabı	shoe	**iç çamaşırı**	underwear
ceket	jacket	**kemer**	belt
çorap	sock/stocking	**şort**	shorts
elbise	dress/suit	**pantolon**	trousers
gömlek	shirt		
bilezik	bracelet	**küpe**	earrings
kolye	necklace	**yüzük**	ring

The future tense suffix

The suffix, **-(y)EcEk**, is the future tense suffix and is used:

1. to describe actions that are expected to happen but have not happened yet:

Ben denize gidiyorum, sen de gelecek misin?
I'm going to the seaside, will you come too?

2. to express what the speaker wants to happen:

Sigara içmekten vazgeçeceksin. You will stop smoking.

3. to express confident assumptions:

Bu gelen Ahmet olacak. This will be Ahmet.

For a full list of forms see the verb tense charts starting on p. 171.

EXERCISE 1

Fill in the predictions for the last two horoscope signs:

Koç burcu 21 Mart–20 Nisan
Size bir yerden para gelecek. Sağlığınız iyi.
Boğa burcu 21 Nisan–20 Mayıs
Yakın bir arkadaşınızdan davet alacaksınız.
İkizler burcu 21 Mayıs–21 Haziran
Patronunuzla uzun bir konuşma yapacaksınız.
Yengeç burcu 22 Haziran–23 Temmuz
Komşularınızdan bu günlerde bir şikayet gelecek.
Aslan burcu 24 Temmuz–23 Ağustos
Evde bir problem çıkacak. Dikkatli olun.
Başak burcu 24 Ağustos–22 Eylül
Yeni bir plan yapacaksınız. Neşeli günler yakın.
Terazi burcu 23 Eylül–22 Ekim
Bir mektup alacak ve sevineceksiniz.
Akrep burcu 23 Ekim–22 Kasım
Ufak bir kaza geçireceksiniz. Aşka zaman yok.
Yay burcu 23 Kasım–21 Aralık
Pahalı ve güzel bir hediye alacaksınız.
Oğlak burcu 22 Aralık–20 Ocak
Yakında uzun bir seyahate gideceksiniz.
Kova burcu 21 Ocak–19 Şubat
. . .
Balık burcu 20 Şubat–20 Mart
. . .

CONGRATULATIONS AND GOOD WISHES

Tebrik ederim Gözünüz aydın

Oğlum üniversiteye kabul edildi.
Öyle mi? Tebrik ederim.

My son has been accepted by the university.
Really? Congratulations.

Eşim terfi oldu.
Gözünüz aydın. Çok sevindim.

My husband has been promoted.
[Your eyes are sparkling]. I'm very pleased.

Set expressions

There are numerous 'ready-made' expressions in Turkish used on specific occasions. Some examples are:

Gözünüz aydın *Your eyes are sparkling*	to a person who has received good news
Allah mesut etsin *May God give you happiness*	to a newly-married couple
Allah analı babalı büyütsün *May God grant that he may be raised by his parents*	when a child is born
Kolay gelsin *May your work be easy*	to a mentally or physically hard-working person
İyi şanslar *Good luck*	
Sağlık olsun *May there be health*	after something is lost or broken
Allah kavuştursun *May God reunite you*	to a person whose loved one has left
Darısı başına *May you follow suit*	in wishing the same good luck that one has enjoyed to someone else
Çok yaşa/Sen de gör *May you live long/and may you be there to see it*	exchange used when someone sneezes
Allah rahatlık versin/Sana da *May God give you comfort/To you too*	exchange used before going to bed
İyi geceler *Good night*	
Nice senelere *Many happy returns*	
Yeni yılınız kutlu olsun *May your New Year be merry*	

Remember also the expressions already given in Ders 5 and Ders 8.

EXERCISE 2

Thank the sender (and send your good wishes too if appropriate) for the following cards with specific messages:

Örnek: **Noel kartınız için teşekkür eder, ben de sizin Noel'inizi kutlarım.**

(a) Yeni Yılınız kutlu olsun!	(to celebrate the New Year)
(b) Doğum gününüz kutlu olsun!	(to celebrate a birthday)
(c) Bayramınız kutlu olsun!	(to celebrate the Muslim festive period)
(d) Geçmiş olsun!	(to celebrate a happy outcome – after an exam, operation, accident, etc.)
(e) Yıldönümünüz kutlu olsun!	(to celebrate any anniversary)

MAKING A DEDUCTION

Bana öyle geliyor ki. . .
Sanırım/sanıyorum
galiba/herhalde
anlaşılan
gibi görünüyor
demek
sanki

Elbiseyi burada giyip çıkartacağız herhalde.
Evet, orada deneyeceksiniz.

Presumably we try the dress on in here.
Yes, in there [you will try it].

Kredi kartıyla ödeyeceksiniz sanırım.
Hayır, çek yazacağım.

I suppose you are going to pay by credit card.
No, I'll write a cheque.

Bu yumurtalar süpermarkettekiler kadar taze anlaşılan.
Daha bile iyi.

Presumably these eggs are as fresh as those in the supermarket.
Even fresher.

Yemek hazır değil gibi görünüyor.
Henüz değil. Yarım saat sonra hazır olacak.

It looks as if the food is not ready.
Not yet. It'll be ready in half an hour.

Bana öyle geliyor ki büyüyünce satış müdürü olacak. Bir şeyler alıp satmaktan çok hoşlanıyor.

I have a feeling that when he grows up he will be a sales manager. He enjoys buying and selling things.

Demek biraz indirim yapmıyorsunuz.
Yapmıyoruz efendim. Fiyatlarımız zaten indirimli.
Öyleyse ben de almam.

So you're not making any reduction.
No madam. Our prices already include a reduction.
If that is the case, I'm not buying (it).

Bu kumaş çok yumuşak. Sanki ipek.
İyi bildiniz. İpeklidir bu kumaş.

This material is very soft. It's as if it were silk.
You're right. This material is silk.

-kI *as a suffix*

This translates as 'the one belonging to' whatever noun it is attached to, and replaces object of possession:

Benim arabam bozuk. Seninki çalışıyor mu?
My car is out of action. Is yours working?

There may be other suffixes preceding as well as following **-kI**:

Bu kutuda bal var. Raftakinde ne var?
In this box there is honey. What is in (the one) on the shelf?

Senin araban Ahmed'inkinden daha büyük mü?
Is your car bigger than Ahmed's?

ki *as a conjunction*

Written separately, this **ki** joins different sentences:

Gelmeyecek.	He won't come.
Anladım.	So I've realized.
Anladım ki gelmeyecek.	I've realized that he won't come.
Yeni ev alıyorlar.	They are buying a new house.
Herhalde paraları var.	Presumably they have the money.
Herhalde paraları var ki yeni ev alıyorlar.	Presumably they have money (because) they are buying a new house.

As . . . as . . .; like

Gibi is used for like and **kadar** for as . . . as . . ., as follows:

Ali Ahmet gibi asık suratlı.	Ali is grumpy like Ahmet.
Ayşe Ali kadar mütevazi değil.	Ayşe is not as modest as Ali.

When

Added to verb stems, the suffix **-IncE** is one way of saying 'when':

Kalkınca kahvaltı eder.	When he gets up he has breakfast.
Hediyeyi alınca sevindi.	He was pleased when he received the gift.

EXERCISE 3

Say what these people became when they grew up:

Örnek: **Sophia Loren büyüyünce artist oldu.**

(a) Margaret Thatcher
(b) Yehudi Menuhin
(c) Shirley Temple
(d) Peter Sellers
(e) Andre Gide
(f) Rupert Murdoch
(g) Yuri Gagarin
(h) Isaac Newton

EXERCISE 4

Exaggerate the following sentences:

Örnek: McEnroe kadar iyi tenis oynarım.
McEnroe bile senin kadar iyi tenis oynamıyor.

(a) Fransızlar kadar lezzetli yemek yaparım.
(b) Julio Iglesias kadar iyi şarkı söylerim.
(c) Fred Astaire kadar güzel dans ederim.
(d) Arap şeyhleri kadar çok para harcarım.
(e) Tavşan kadar hızlı koşarım.
(f) Muhammed Ali kadar mütevazi konuşurum!

MAKING RECOMMENDATIONS

Ne tavsiye edersiniz?	-(y)I tavsiye ederim.

Sicimlerden hangisini tavsiye edersiniz?
Hepsi iyi ama ben gene de koyu renklisini tavsiye ederim.
Neden? Açık renkli sicim çürük mü?
Koyu renklisi sadece daha sağlam değil daha da ucuz. Dükkandaki en iyi kalite mal bu. Bakın göstereyim.
Bu paketi bağlamak için kaç metre alayım?
Bence bir metre yirmibeş santim alın, yeter.

Which of these different types of string would you recommend?
All are good but I recommend the dark one.
Why? Is the light coloured one weak?
The dark one is not only stronger, but also cheaper. It's the best quality item in the store. Look, let me show you.
In order to tie this parcel, how many metres should I buy?
In my opinion (buy) one metre and twenty-five (centimetres), that should be enough.

Expressions of quantity

hepsi	all of	**yarısı**	half of
bir kısmı	some (parts) of	**biri**	one of
çoğu	most of	**birkaç tanesi**	a few of
bazısı	some of	**daha fazlası**	more of
azı	a little of	**en fazlası**	most of

When used with these words, the noun takes the possessive suffix:

patateslerin hepsi	all of the potatoes

Superlative adjectives

Superlative constructions are formed by inserting **en** before the adjective:

en iyi kalite mal	the best quality item
en hafif bavul	the lightest suit case
en ağır paket	the heaviest packet

Superlatives may appear in what are possessive constructions in Turkish:

kızların en güzeli	the most beautiful of the girls
arabaların en pahalısı	the most expensive of the cars

EXERCISE 5

Answer the questions with the help of the dates/prices chart:

	Otel Mutlu		*Otel Seketur*		*Otel Akkent*		*Otel Aytur*	
	7 gün/	*14 gün*	*7 gün/*	*14 gün*	*7 gün/*	*14 gün*	*7 gün/*	*15 gün*
Mayıs	201	267	205	276	194	254	188	241
Ağustos	270	346	274	355	263	333	257	320

(a) Otel Mutlu Mayısta mı daha ucuz, Ağustosta mı?
(b) Otel Akkent'te 7 gün mü daha pahalı, 14 gün mü?
(c) Mayısta Otel Seketur mu daha ucuz, Otel Akkent mi?
(d) Ağustosta hangi otel daha pahalı, Otel Mutlu mu, Otel Aytur mu?
(e) Mayısta hangi otel en pahalı?

(f) Ağustosta hangi otel en ucuz?
(g) En ucuz 7 gün hangi otelde ve hangi ayda?
(h) Otel Akkent'de 7 gün hangi ayda daha pahalı?

EXERCISE 6

(a) The driver of the minibus that you are in is driving too fast. Ask him politely to slow down.
(b) You are babysitting for your Turkish friends. Tell the children that they are to go to bed at ten o'clock.
(c) Tell the greengrocer that you want to buy all the apples he has in the box.
(d) Ask your friend where he is planning to go for the summer.
(e) From your observation of the person in the telephone box, you think that the telephone is not working. Check with him if this is correct.

Ders 10

MAKING A DECISION

karar vermek/vermemek karar verememek karar değiştirmek

A: Karar verdiniz mi efendim, ne alıyorsunuz?
B: Ben verdim. Sen Ayşe?
C: Henüz vermedim, daha doğrusu bir türlü karar veremiyorum. Et de güzel görünüyor, balıklar da. Nasıl, levreğiniz taze mi?
A: Evet efendim, bu sabah geldi, çok taze.
C: Pekiyi, o halde ben bir ızgara levrek alayım.
A: Siz, beyefendi?
B: Ben bir zeytinyağlı fasulya ile salata alacağım.
A: Başüstüne.
C: Aaa, pardon, kararımı değiştirdim. Bana da aynısı olsun lütfen.

A: Have you decided what you are having sir?
B: I have. (Have) you, Ayşe?
C: I haven't, more precisely, I can't at all. The meat looks nice, and so does the fish. What's it like, is your sea bass fresh?
A: Yes madam, it came this morning, it's very fresh.
C: Well, in that case let me have a grilled bass.
A: (And) you, sir?
B: I'll have green beans (cooked) in olive oil, and salad.
A: Yes, sir.

C: Oh, I apologize, I've changed my mind. The same for me too, please.

Inability

-(y)E + the negative suffix are used to express inability

gel-e-me-m	can't come
uyu-ya-ma-dı-k	we couldn't sleep
aç-a-mı-yor-lar	they can't open
otur-a-mı-yacak-sınız	you will not be able to sit

EXERCISE 1

Guess if the following statements are true or false:

(a) Çay bahçesinde limonata içemezsiniz.
(b) Pastahanede makarna yiyemezsiniz.
(c) Gazinoda kumar oynayamazsınız.
(d) Restoranda Türk yemeği bulamazsınız.
(e) Kahvehanede tavla oynayamazsınız.

EXERCISE 2

Here are the answers. What were the questions?

Örnek: Oyunuzu kime vereceksiniz, karar verdiniz mi?
Evet, Demokrat Partiye vereceğim.

(a) Evet, anneme bir palto, babama da şapka alacağım.
(b) Evet, uzun siyah elbisemi giyeceğim.
(c) Evet, Bodrum'a gideceğiz.
(d) Evet, bütün arkadaşlarımı ve akrabalarımı çağıracağım.
(e) Evet, doktor olmak istiyor.

SUGGESTING A COURSE OF ACTION

-Elim mi? istersen -Elim -sEk mi?

Bir paket çay alalım mı?
Evet, alalım.

Shall we buy a packet of tea?
Yes, let's buy (one).

İstersen tatlı yerine meyva ısmarlayalım.
Tamam, olur.

Let's order fruit instead of a sweet, if you like.
OK, that's fine.

Haydi, yemeği restoranda yiyelim.
Yiyelim, ama hep aynı restorana gidiyoruz. Bu akşam da bir başka yer deneyelim.

Come on, let's eat (the meal) in a restaurant.
(Yes) let's, but we always go to the same restaurant. Let's try a different place tonight.

Artık hesabı istesek mi?
İstiyelim, tabii.

Shall we ask for the bill (now)?
Of course, let's [ask for it].

Making a conditional sentence with **ise**

When a course of action is dependent on a certain condition, **ise** is used:

Kızkardeşin hasta ise yatsın.	Your sister should go to bed if she is ill.
Hava güzel ise dışarıda oturalım.	Let's sit outside if the weather is good.

İse can be joined to the word it follows by omitting the initial 'i', as in **güzelse**. If this word ends with a vowel, 'y' is used as a cushion between the word and '**-se**', as in **hastaysa**.

İse may also be used with verbs, following the tense suffix:

istersen	if you want to
gelecekse	if he is going to come

koşuyorsa	if she is running
gittiysen	if you went

If the verb incorporating **ise** follows a question word, the meaning changes to '. . .ever':

ne zaman gelirseniz	whenever you come
nerede olursam	wherever I (may) be
kimi görürsek	whoever we see

For a full list of forms see the verb tense charts starting on p. 171.

Quantifying food items

bir tutam tuz	a pinch of salt
iki paket çay	two packets of tea
üç kilo elma	three kilos of apples
dört şişe rakı	four bottles of rakı
beş demet maydanoz	five bunches of parsley
altı kaşık şeker	six spoons of sugar
yedi kutu lokum	seven boxes of Turkish delight
birkaç karpuz	a few watermelons

Note that where the item of food must be in the plural in English, as in 'three kilos of apples', in Turkish, the singular form, in this case, **elma**, is used.

EXERCISE 3

Match each item with a quantity:

(a) **bardak** glass	1 **çiçek** flower
(b) **kutu** box	2 **tereyağ** butter
(c) **kilo** kilo	3 **kumaş** fabric
(d) **buket** bunch	4 **çay** tea
(e) **metre** metre	5 **çukolata** chocolate
(f) **paket** packet	6 **şeftali** peach

If you have the cassette, try [cassette] Exercise 1

EXERCISE 4

Yemek Listesi

Mezeler		*Etler*	
Karides kokteyli	15,000	Adana kebabı	10,000
Börek	15,000	Izgara köfte	10,000
Cacık	5,000	Kızarmış tavuk	5,000
Sucuk	5,000	Kuzu fırında	8,000
Tarama salatası	10,000	Bonfile	25,000
Patlıcan kızartması	10,000	Kağıtta levrek	30,000
Sebzeler		*Tatlı/Meyva*	
Zeytinyağlı fasulya	10,000	Baklava	5,000
Barbunya	5,000	Dondurma	5,000
Yaprak sarması	20,000	Kavun	15,000
Biber dolması	15,000	Karpuz	15,000
Enginar	20,000	Üzüm	10,000
Kabak kızartması	5,000	Şeftali	10,000

Cebinizde 20,000 TL/40,000 TL/80,000 TL var. Hangi yemekleri seçersiniz?

Örnek: Cebimde 20,000 TL var. Cacık, kızarmış tavuk, kabak kızartması ve dondurma seçerim.

EXPRESSING REGRET

Çok üzgünüm ama Ne yazık ki Korkarım Maalesef	Farketmez Bana göre hava hoş Ne olacak, mühim değil Bence hepsi bir Olsa da olur, olmasa da.

Çok üzgünüm ama hiç sütümüz kalmadı. Gazoz veya meyva suyu içer misiniz?

Bence hepsi bir. Hangisi olursa.

I'm very sorry but we've no milk left. Would you like soda pop or fruit juice (instead)?

They're both the same to me. Whichever (you like).

Ne yazık ki buzumuz yok.
Ne olacak, mühim değil. Olsa da olur, olmasa da. Haydi içelim. Şerefinize!

It's a shame that we don't have any ice.
It doesn't matter, it's not (that) important. (It doesn't make much difference whether we have it or not). Let's drink. To your health!

Korkarım şu anda masaların hepsi dolu.
Bana göre have hoş. Vaktim var. Beklerim.

I'm afraid all the tables are taken at the moment.
I don't mind. I've got time. I'll wait.

Maalesef çorba biraz tuzsuz.
Hiç farketmez. Tuz koyarız, olur biter.

Unfortunately the soup is a bit bland.
It doesn't matter. We'll add some salt, (and that will solve the problem).

Proposing a toast

There are several ways of proposing a toast in Turkish, depending on what one is drinking to. The most common ones are:

Şerefinize	To your honour
Sağlığınıza **Sıhhatinize**	To your health
Mutluluğunuza	To your happiness
Başarınıza	To your success

INVITATIONS

	Selim ve Zeynep Dallı Sayın Bay ve Bayan Ahmet Solmaz'ı kokteyle davet ederler.		
Yer:	Hilton Oteli	*LCV*[1]:	658491
Tarih:	15 Ocak 1991		
Saat:	18.30–21.00		

Yarın akşam benimle sinemaya gider misin?
Çok özür dilerim, mümkün değil, tiyatroya biletim var.

Would you (like to) come to the cinema with me tomorrow night?
I'm very sorry but that's not possible, I've got a theatre ticket.

Bir gün bize çaya buyrun.
Tabii. Memnuniyetle geliriz.

Do come to us for tea one day.
Of course. We would love to.

Ahmed'in partisine gidiyorum. Sen de gel.
Maalesef. Doktora randevum var. Bir başka gün inşallah.

I'm going to Ahmet's party. You come along too.
Unfortunately I can't. I've got an appointment at the doctor's. Some other day, I hope.

[1]**LCV** is an abbreviated form of **Lütfen Cevap Veriniz**, and is the equivalent of RSVP.

EXERCISE 5

Accept or decline the invitations in view of the appointments in the diary:

Örnek: *Refusal*	**Maalesef gelemem. Tiyatroya gidiyorum. Özür dilerim.**
Acceptance	**Memnuniyetle gelirim. Teşekkür ederim.**

AĞUSTOS

1. Salı
10.00: dişçi
15.00: Ayşe'nin doğumgünü

2. Çarşamba
11.00: Türkçe dersi
18.00: kokteyl

3. Perşembe
12.00: briç partisi
20.00: Ali'lerle gece kulübü

4. Cuma
15.00: turistik gezi
21.00: t.v.'de futbol maçı

5. Cumartesi
12.00: banka müdürü
20.00: sefarette resepsiyon

6. Pazar
10.30: tenis maçı
20.30: konser

7. Pazartesi
12.15: terzide randevu
19.00: klüpte yemek

Bize gelir misin?

(a) 2 Ağustos Çarşamba, saat 11.00'de?
(b) 4 Ağustos Cuma, saat 15.00'de?
(c) 6 Ağustos Pazar, saat 21.00'de?
(d) 7 Ağustos Pazartesi, saat 15.00'de?

EXERCISE 6

Fill in the blanks with the correct word:

(a) Mektubumu . . . götürüyorum.
1 pastahaneye
2 postahaneye
3 hastahaneye

(b) Ben kalkınca . . . etmem.
1 akşam yemeği
2 kahvaltı
3 öğle yemeği

(c) Yemekten . . . lütfen hesabı getirir misiniz?
1 de
2 için
3 sonra

(d) Saat sekize beş . . . barda olacağım.
1 kala
2 var
3 geçe

(e) Koka kola hiç . . . Bana lütfen başka bir içki getirir misiniz?
1 severim
2 seversiniz
3 sevmem

(f) Evde yemek yoksa, neden lokantaya . . .?
1 gitmiyorsunuz
2 gitmiyor musunuz
3 gidiyorsunuz

(g) Çok . . . . Bir şeyler yemem lazım.
1 yoruldum
2 susadım
3 acıktım

(h) Çayı . . . için, çok güzel oluyor.
1 limonlu
2 limonun
3 limonda

Ders 11

EXPRESSING OBLIGATION

Gerek
Lazım
Şart
-mEli

Üç gece için rezervasyon yaptırmak istiyorum. Tek kişilik bir oda. Duşlu olması şart.
Tek kişilik odamız kalmadı efendim. Çift kişilik oda alır mısınız?
Alırım ama bu durumda çift kişilik fiyatı mı ödemem lâzım?
Hayır, yalnız ikinci gün tek kişilik odaya geçmeniz gerekiyor.
Pekiyi, anahtarı en geç saat kaçta almalıyım?
Ne zaman isterseniz alın. Resepsiyon yirmi dört saat açık. Yalnız gece onikiden sonra bavullarınızı yukarıya kendiniz çıkarmanız gerekecek.

I wish to have a room reserved for three nights. A single room. It's got to have a shower.
We don't have any single rooms left, sir. How about a double room (instead)?
That's fine, but would I have to pay for a double room in that case?
No, but it would be necessary for you to move to a single room on the second day.
OK, what time do I have to collect the key at the latest?
Collect it whenever you wish. Reception is open twenty-four

hours a day. But after midnight you will have to carry your luggage upstairs yourself.

Having someone else do something

Some actions you do yourself, some you deputize. If you pass the responsibility for doing something to someone else, you need to mark this by using a special suffix: **-DIr-** after consonants, and **-t-** after vowels:

almak:	**Alacağım.**	I will buy.
	Aldıracağım.	I will have (it) bought.
yapmak:	**Yaptık.**	We did (it).
	Yaptırdık.	We had (it) done.
uyumak:	**Uyuyor.**	She is sleeping.
	Uyutuyor.	She is putting (the baby to) sleep.
dinlemek:	**Dinlerler.**	They listen.
	Dinletirler.	They make (others) listen.

Obligations

Obligations may be expressed by

1 attaching the 'obligation' suffix, **-mEli** to the verb:

Gelmelisin You have to come

2 using one of the 'obligation-denoting' words:

Gelmen lâzım
Your coming is needed
You have to come

Gelmen gerek
Your coming is a necessity
It is essential for you to come

Gelmen şart
Your coming is a condition
You must come

Among these, only **gerek** allows for fluctuations in time, i.e. **gelmen gerekti/gerekecek/gerekiyor/gerekir**.

Self

The word to use for 'self' is **kendi** which takes personal endings:

kendim	myself	**kendimiz**	ourselves
kendin	yourself	**kendiniz**	yourselves
kendisi	himself/herself/itself	**kendileri**	themselves

In the repetitive form it shows that the action is done alone:

Kendi kendine oynuyor.	He is playing alone.
Kendi kendime oturuyorum.	I am sitting on my own.

EXERCISE 1

Name the fairy tales.

(a) Saat onikiden önce eve dönmen gerek.
(b) Düşes beni öldürecek. Acele etmeliyim.
(c) Prensesin eline batar belki, etrafta hiç iğne olmaması lâzım.
(d) Babaannenin evine giderken yolda yabancılarla konuşmamalısın.
(e) Yalan söylememen şart. Söylersen burnun büyür.
(f) Benim ismimi bulmanız lâzım.

[OO] EXERCISE 2 ([OO] Exercise 1)

Claim that you have deputized an act:

Örnekler: Saçını kendin mi kestin? Have you cut your hair yourself?
Hayır, kestirdim. No, I've had it cut.

Örtüyü kendin mi ütüledin? Have you ironed the cloth yourself?
Hayır, ütülettim. No, I've had it ironed.

(a) Elbiseyi kendin mi diktin?
(b) Arabayı kendin mi yıkadın?
(c) Pastayı kendin mi yaptın?

(d) Mektubu kendin mi yazdın?
(e) Evi kendin mi temizledin?
(f) Masayı kendin mi taşıdın?
(g) Kapıyı kendin mi açtın?

REMEMBERING AND FORGETTING

. . . -DIn(Iz)mI? . . . -EcEktIn(Iz) . . . -DIn (Iz) mI? . . . (y)I hatırlıyor musun(uz)? unutmazsın(Iz), değil mi? unutma (yın)!

	gazı	
	elektriği	
Evden çıkarken	televizyonu	kapattın mı?
	ütüyü	
	radyoyu	

Have you *turned off* / *switched off* *the gas/. . . before leaving the house?*

	pul	
	jeton	
	kartpostal	
Postahaneden	zarf	alacaktın, aldın mı?
	mektup kağıdı	
	telgraf formu	

You were going to buy a stamp/. . . from the post office, have you?

Arızanın	
Polisin	
Ambulansın	numarasını hatırlıyor musun?
İtfaiyenin	
Şehirlerarasının	

Do you remember the number of the repair service/. . . ?

REMINDERS

	para		
Bankadan	çek defteri	almayı unutmazsın, değil mi?	
	kredi kartı		

Aman	temizleyiciye uğramayı	
Sakın	kaloriferi açmayı	
Lütfen	kapıcıyı çağırmayı	unutma!
Gözünü seveyim	çöpü dökmeyi	

When; while

In non-verbal sentences, the suffixes **-Iken** or **-(y)kEn** express 'when':

Ali küçükken çok yaramazdı.	When Ali was young, he was very naughty.
Bahçedeyken onu gördüm.	When I was in the garden, I saw him.

With verbal sentences they mean 'while':

Ben geliyorken o gidiyordu.	While I was coming, she was going.
Hamama gidecekken vazgeçti.	While she was about to go to the Turkish bath, she changed her mind.

Past tenses

In the final position, **idi** (or **-(y)DI**) casts all tenses into the past:

geliyorsun you are coming	**geliyordun** you were coming
gelir he comes	**gelirdi** he used to come
geleceğiz we will come	**gelecektik** we were going to come

geldim	**geldiydim**
I came	I had come

EXERCISE 3

Make sentences with the clues given:

Örnek: **İngiltere'ye tahsile gitmek istiyordu ama Ankara Lisesi'ne gitti**

Ali'nin hayat hikayesi

(a) (Bilgisayar okumak) Sosyoloji okudu.
(b) (İstanbul'da askerlik yapmak) Kars'ta askerlik yaptı.
(c) (Özel sektörde çalışmak) Devlet memuru oldu.
(d) (Zengin bir kızla evlenmek) Komşunun kızıyla evlendi.
(e) (Çocuklarını özel okula göndermek) Çocukları okumadılar.
(f) (Erken emekli olmak) Altmışbeş yaşına kadar çalıştı.
(g) (Emekli olunca Avrupa'ya gitmek) O sene öldü.

Ne şans!

EXERCISE 4

Compare the old days with the present ones:

Örnek: Şimdi elbise giyiyorum (Blucin)
Eskiden blucin giyerdim

(a) Şimdi ikinci kanalı seyrediyorum. (vidyo)
(b) Şimdi yemekte su içiyorum. (şarap)
(c) Şimdi haftada bir anneme telefon ediyorum. (ayda bir)
(d) Şimdi Cumhuriyet Gazetesi okuyorum. (Gırgır mecmuası)
(e) Şimdi bol bol sebze yiyorum. (kızarmış patates)
(f) Şimdi arabama biniyorum. (bisiklete)
(g) Şimdi günde on dakika yüzüyorum. (kırkbeş dakika)
(h) Şimdi siyah rengi seviyorum. (kırmızı rengi)

Yaşlanıyor muyum acaba?

EXERCISE 5

(a) On Monday evening you are having a party in the garden of your new house. Invite your friend together with his wife.

(b) You are leaving for a couple of days. Remind your home-help not to forget to feed the cat while you are away.

(c) Ask the dental assistant if you will have to wait long to see the dentist.

(d) Tell the hairdresser that you would like to have your hair cut very short.

(e) Ask the restaurant manager to reserve you a table for six but tell him that you do not want it near the orchestra.

Ders 12

STATING ABILITY

... -(y) Ebilir misin (iz)?	... -(y) Ebilirim

İngilizce telefon konuşması yapabilir misiniz?
Yapabilirim.
Tercüme?
Teknik lisan değilse onu da yapabilirim.
Daktilo yazabilir misiniz?
Evet, daktilodan başka bilgisayar da kullanabilirim.
İş mektupları yazabilir misiniz?
Kendim yazamam. Siz dikte ederseniz mesele yok.
Stenonuz nasıl?
Yeterli değil. İşe girmeden önce biraz steno çalışmıştım, ama işe girdikten sonra pek kullanmadım. Onun için unuttum. İstiyorsanız ilerletebilirim.

Can you (hold) a telephone conversation in English?
I can.
(What about) translation?
If it isn't (in) technical language, I can do that too.
Can you type?
Yes, I can use a computer as well as a typewriter.
Can you write business letters?
I can't write them myself. There's no problem if you dictate.
How is your shorthand?
It's not good enough. Before I started work I studied it a bit, but since I've been working I've not used it very much. So, I've forgotten it. If you wish (me to), I can improve (it).

Ability

The suffix **-(y)Ebil**, added to the verb stem, states or enquires about ability. As mentioned in Ders 10, inability is expressed through a different suffix, **-(y)Eme**, thus:

çalış-abil-mek	to be able to work
çalış-ama-mak	not to be able to work
hesapla-yabil-mek	to be able to calculate
hesapla-yama-mak	not to be able to calculate

Both the ability and inability suffixes are followed by the tense and personal suffixes:

Görebildik.	We could see.
Gelemiyecekler.	They will not be able to come.

The ability suffix is additionally used to check and state possibility:

Bu Pazartesi işe başlıyabilecek misiniz?	Will you be able to start work this Monday?

It may also be used to seek and give permission:

Burada sigara içebilir miyim?	Can I smoke here?
Tabii içebilirsiniz.	Of course you can.

Before and after doing something

-DEn önce and **-DEn sonra** which we have already seen, are extended with additional suffixes when they are attached to verbs, and become **-mEdEn önce** and **-dIktEn sonra**:

yaz-madan önce	before writing
oku-duktan sonra	after reading

Apart from

The suffix used to express 'apart from' is **-DEn başka**:

daktilodan başka	apart from the typewriter
çalışmak-tan başka	apart from working

EXERCISE 1

Using the ability suffix, ask if:

(a) the other person can open the door.	açmak
(b) you can speak to Ali on the phone.	konuşmak
(c) you can see the Manager.	görmek
(d) the other person can pass the salt.	geçirmek
(e) the operator can connect you to 836144.	bağlamak
(f) the other person can give you Ayşe's address.	vermek

USING THE TELEPHONE

> Alo?
> . . . ile görüşebilir miyim (lütfen)?
> . . . -(y)I bağliyabilir misiniz (lütfen)?

> Alo?/Buyurun?
> Bir dakika efendim, çağırayım/bağlıyayım

Alo?
Alo, buyrun?
Türk Hava Yolları mı?
Hayır, değil.
Özür dilerim. Yanlış numara düştü herhalde.

Hello?
Hello, can I help you?
Is that Turkish Airlines?
No, it's not.
I'm sorry. I must have the wrong number.

Alo?
Alo, Türk Hava Yolları, buyrun.
Ahmet Bey'le görüşebilir miyim lütfen?
Ahmet Bey şu anda dışarıda efendim. Ben yardımcı olabilir miyim?

Teşekkür ederim ama sanmıyorum. Ne zaman döner acaba?
Bilmiyorum ama isterseniz mesaj alabilirim.
Bir zahmet alıverin o halde. Ben Mehmet Uçar. Beni ararsa memnun olurum. Numaramı biliyor.
Gelir gelmez mesajınızı ileteceğim efendim.
Teşekkür ederim. İyi günler.
Size de.

Hello?
Hello, (this is) Turkish Airlines, can I help you?
Can I talk to Ahmet Bey please?
Ahmet Bey is out at the moment, sir. Can I help you?
Thank you but I don't think so. When will he be back, I wonder?
I don't know but if you wish I can take a message.
Yes please, if you could (if it's not going to be a trouble). I'm Mehmet Uçar. I would like him to call me. He knows my number.
As soon as he comes, I'll pass your message on, sir.
Thank you. Have a good day.
You too.

Alo?
Buyurun.
532 numaralı odayı bağlıyabilir misiniz lütfen?
Tabii beyefendi, bir dakika, bağlıyayım.

Hello?
Can I help you?
Can you please put me through to room number 532?
Of course, sir, one moment. I'll put you through.

Stressing urgency

Inserted in between the verb and the tense suffix, **-Iver** indicates that the speaker is stressing the quickness of an action:

Şu mektubu postaya atıver.	Do post this letter.
Dönerken bir gazete alıverin.	Do buy a newspaper on your way back.

As soon as

The suffix chain **-Ir...-mEz** is used to express 'as soon as':

İçeri girer girmez onu gördüm.	I saw him as soon as I got in.
Mezun olur olmaz iş bulacak.	As soon as he graduates, he'll find a job.

EXERCISE 2

(a) Molière 'Cimri'den başka hangi oyunu yazdı?
1 Cyrano de Bergerac
2 Faust
3 Tartuffe

(b) İtalya'nın spagettiden başka nesi meşhurdur?
1 hamburger
2 pasta
3 dondurma

(c) Türkiye tarihinde İstanbul ye Ankara'dan başka hangi şehir başkent oldu?
1 Bursa
2 İzmir
3 Trabzon

(d) Çinliler 'barut'tan başka neyi icat ettiler?
1 kağıt
2 saat
3 elektrik

(e) Almanlar 'Volkswagen'den başka hangi arabayı yaptılar?
1 Citroen
2 Mercedes
3 Volvo

(f) 'Operadaki Hayalet'ten başka hangi İngiliz müzikali Amerika'da oynadı?
1 42. Cadde
2 Tatlı İrma
3 Kediler

EXERCISE 3

(a) Uyanır uyanmaz yataktan kalkar mısınız?
(b) Giyinmeden önce mi yoksa giyindikten sonra mı kahvaltı edersiniz?
(c) Yatağa yatmadan önce mi yoksa yattıktan sonra mı ışığı kapatırsınız?
(d) Faturaları alır almaz öder misiniz?
(e) Zarfı kapatmadan önce mi yoksa kapattıktan sonra mı adresi yazarsınız?
(f) Eve girer girmez pabuçlarınızı çıkarır mısınız?
(g) Yemek fiyatlarına lokantaya girmeden önce mi yoksa girdikten sonra mı bakarsınız?
(h) Gazeteyi evden çıkmadan önce mi yoksa eve döndükten sonra mı okursunuz?

WRITING A LETTER

A formal letter

Sayın Osman Türkmen,

Gazetemizdeki abone kaydınız 31.12.1991 tarihinde sona ermektedir. Yüzde onluk (%10) tenzilattan faydalanmak istiyorsanız bir an evvel abone yenilemek üzere başvurunuzu tavsiye eder, saygılar sunarız.

Abone Kayıt Kabul Müdürü

A semi-formal letter

Hakkı Bey Kardeşim,

Notunu aldım, sağolasın. Durumunu anlıyorum ama mallar depoya gelinceye kadar beklememiz gerekiyor. Gecikme arabaların yolda bozulmasından dolayı oldu. Bir kaç gün daha sabretmeni rica eder, gözlerinden öperim.[1]

Nuri

An informal letter

Sevgili Ayşe'ciğim,

Raporu bitirip postaya verdim. Müdür Bey ilk fırsatta okuyup cevap verirse memnun olurum. Sevgiler.

Tülin

Letter vocabulary

A formal letter

abone	subscription
kayıt	register
sona ermek	to finish
tenzilat	reduction
faydalanmak	to make use of
yenilemek	to renew
başvurmak	to apply
saygı sunmak	to send one's respect

A semi-formal letter

not	note
durum	situation
mal	goods
depo	depot
gecikme	delay
bozulma	to break
sabretmek	to endure
rica etmek	to beg for
öpmek	to kiss

An informal letter

sevgili	dear
rapor	report
postalamak	to post
sevgiler	love

Some letter-ending expressions reflect the socially accepted forms of kissing:

Gözlerinden öperim. I'll kiss you on the eyes: used to equals or younger people
Yanaklarından öperim. I'll kiss you on the cheeks: used to equals
Ellerin (iz)den öperim. I'll kiss your hand: used to the elderly as a form of respect

In order to

The suffix **-mEk üzere** is used to express 'in order to':

İstanbul'a gitmek üzere uçağa bindiler.	They boarded the plane in order to go to Istanbul.
Beni geçirmek üzere kapıya kadar gelir.	He comes as far as the door in order to see me off.

Until

To express 'until', use **-(y)IncEyE kadar**:

İyileşinceye kadar hastahanede kalmalısın.	You have to stay in hospital until you recover.
Maaşım artıncaya kadar araba almayacağım.	I'm not going to buy a car until I get an increase in salary.

Because of

The suffix **-DEn dolayı** is used to express 'because of':

Kazadan dolayı sigortadan para aldık.	We have received money from the insurance because of the accident.
Enflasyondan dolayı şirket zararda.	The company is (running) at a loss because of inflation.

Using -Ip to avoid repetition

The first of the two (or more) actions by the same agent may be followed by this suffix to avoid repetition:

Borsadaki hisselerini sattı ve yazlık bir ev aldı (Borsadaki hisselerini satıp yazlık bir ev aldı)
He sold his stock-market shares (and) bought a summer house.

EXERCISE 4

Write a letter to your Turkish friend to thank him for his hospitality.

EXERCISE 5

Translate into English:

İstanbul'da iken kartvisit bastırmak istedim. 'Hürriyet Matbaasından başka bir yer yok bu iş için' dediler. Matbaaya gitmek üzere yola çıktım. Adresi buluncaya kadar bir hayli dolaştım. Matbaaya hava karardıktan sonra varabildim. Ben kapıyı çalar çalmaz yaşlı bir adam pencereden baktı. 'Gelmeden önce râdevu almanız lazımdı. Şimdi kapalıyız' deyip kayboldu.

Ders 13

ENQUIRING WHETHER SOMEONE KNOWS SOMETHING OR SOMEONE

Biliyor musun(uz)?
Tanıyor musun(uz)?

Şurada oturan adamı tanıyor musun?
Ayşe'nin konuştuğu adamı mı? Tanıyorum. Bizim komşumuzdur.

Do you know the man who is sitting there?
The man Ayşe is talking to? I know him. He's our neighbour.

Bitince atılan çakmakları biliyor musun?
Hani şu plastik çakmaklar mı?
Ha onlar. Hava alanından bir kaç tane alıver bana.

You know those lighters which you dispose of when they're finished?
You mean those plastic lighters?
Yeah, those. Do buy me one or two from the airport.

Mühürdar'a giden yolu biliyor musun?
Evet?
İşte o yol üzerindeyim. Çay bahçesinin karşısında.

Do you know the road (which goes) to Mühürdar?
Yes?
There, I'm on that road. Opposite the tea-garden.

Passive verb suffixes

Either **-Il** or **-n** are used to make a verb passive, depending on whether the stem ends with a vowel or a consonant:

Verb stem ending with a consonant (**-Il**)		*Verb stem ending with a vowel* (**-n**)	
kır-mak	to break	**ye-mek**	to eat
kır-ıl-mak	to be broken	**ye-n-mek**	to be eaten
tut-mak	to catch	**iste-mek**	to want
tut-ul-mak	to be caught	**iste-n-mek**	to be wanted

Subject and object participles

In English 'who', 'whom', 'which', 'when' and 'where' are used to give more information about a focal point:

The man who is coming to dinner . . .
The man whom I invited to dinner . . .

Note that while in the first example the man is the one who does the action (i.e. coming), in the second the man is the object of an action (i.e. inviting) done by someone else, the speaker. This distinction is marked in Turkish by the use of three different suffixes:

1. **-En**, 'who'
2. **-DIgI**, 'whom' for past and present actions
3. **-(y)EcEğI**, 'whom' for future actions.

-En is known as the subject participle. **-DIğI** and **-(y)EcEğI** are object participles. When the object participles are used, the person doing the action must take the possessive suffix. This can be seen in the examples given below:

kapıyı kapayan çocuk	the child who closes the door
çocuğun kapadığı kapı	the door which the child closes/closed
çocuğun kapayacağı kapı	the door which the child will close
bizi gören kadın	the woman who saw us
gördüğümüz	the woman whom we see/saw

kadın
göreceğimiz kadın — the woman whom we will see

EXERCISE 1

Form subject participles:

Örnek: Ayşe bize geldi
Bize gelen Ayşe

(a) Adam su içti
(b) Annem trene bindi
(c) Arkadaşım hediye verdi
(d) Bardak kırıldı

Form object participles:

Örnek: Ali sigara içti
Ali'nin içtiği sigara

(e) Adamı lokantada gördüm
(f) Elbise aldık
(g) Mektup göndereceğim
(h) Film seyrediyoruz

EXERCISE 2

Translate into English:

(a) Konuştuğunuz adaın
(b) Giden otobüs
(c) İstediğin kitap
(d) Aldığı elmalar

Translate into Turkish:

(e) The director who lives here
(f) The city that I love
(g) The laughing policeman
(h) The house that Jack built

EXERCISE 3

Guess what these are. Pick your answers from the list below.

(a) Size zamanı söyleyen şey
(b) İçine çay koyduğunuz şey
(c) Size sizi gösteren şey
(d) Kışın giydiğiniz şey
(e) İçine mektup koyduğunuz şey

(f) Sabahları okuduğunuz şey
(g) Odanıza ışık veren şey
(h) Üstüne oturduğunuz şey

fincan lamba gazete koltuk
saat zarf palto ayna

SAYING 'ETCETERA'

Falan Filan Vesaire Havlu mavlu

Hatice Hanım'ın kızına düğün hediyesi ne alıcağız?
Gümüş tabak veya tepsi falan alsak?
Yoo, gümüşü mümüşü çok var.
Porselen çay takımı alalım. Pasta servisi, çatal bıçağı, vesaire.
Olmaz. Çay takımı da çok var.
Tencere, tava cinsinden bir şey?
Mutfağında tencere tava dağ gibi.
Havlu takımı? Masa örtüsü? Peçete filan?
Havlu mavlu, onların hepsini Bursa'dan getirdiler.
Bir mendil?
Fesüphanallah! O kadar zengin kız. Bir mendili ne yapsın?
Bu yaşta herşeye sahip olduğu için otursun ağlasın.

What are we going to buy for Hatice Hanım's daughter as a wedding present?
What if we bought a silver plate or a tray or something?
No, she has a lot of silverware and suchlike.
Let's buy a china tea-set. Cake plates, cutlery, etcetera.
No. She has a lot of tea-sets too.
How about (something like) pots and pans?
She's got heaps of pots and pans in her kitchen.
A set of towels? A table cloth? Napkins and so on?
Towels and things like that, they brought all those from Bursa.

(What about) a handkerchief?
For goodness sake! Such a rich girl. What would she need a handkerchief for?
She should sit down and cry at having everything at such a young age.

Reduplication

Duplicating a word but replacing the first letter of it with an 'm' in the duplicated form is one way of saying 'and so on':

kitap mitap	books and so on
uzun muzun	long and so on
geldi meldi	he came and so on

Note that this rule does not apply to words which start with a letter 'm' in which case **falan**, **filan** (sometimes together **falan filan**) or **vesaire** may be used and are interchangeable:

mektup falan	letter etc.
mürekkep filan	ink etc.
mutfak vesaire	kitchen etc.

Supposing

We have already seen that ise (or **-sE**) is used after the verb tense for conditional sentences:

gelirse	if he comes
gideceksen	if you are going to go
alıyorsak	if we are buying
uyuduysa	if he went to sleep

When the conditions are less likely to be met, **-sE** becomes the verb tense itself:

gelse	supposing he came
gitsen	what if you went
alsak	if we were to buy
zengin bir adam olsam	if I were a rich man

For a full list of forms, see verb tense charts starting on p. 171.

Shapes and materials

daire	circle	**kağıt**	paper
yuvarlak	round	**yün**	wool
dikdörtgen	rectangular, rectangle	**metal**	metal
üçgen	triangular, triangle	**tahta**	wood
kare	square	**cam**	glass
silindir	cylinder	**hasır**	straw
piramit	pyramid	**kumaş**	cloth
küp	cube	**deri**	leather
plastik	plastic	**muşamba**	vinyl

EXERCISE 4

Describe the following nouns using the example as a guide:

Örnek: **Buzdolabı mutfakta kullanılır. Rengi beyazdır. Metalden yapılır. Biçimi dikdörtgendir.**

a) **güneş şapkası** sunhat
b) **futbol topu** football
c) **cetfel** ruler
d) **termos** thermos

EXERCISE 5

Finish the sentences:

(a) Kızlar askerlik yapsa . . .
(b) En yakın arkadaşım doğumgünümü unutsa . . .
(c) Bütün sene her gün yağmur yağsa . . .
(d) Yabancı bir memlekette pasaportumu kaybetsem . . .
(e) Dünyaya Marslılar gelse . . .

BORROWING, LENDING AND PROMISING

Ödünç/borç alabilir mi(yim)/verir mi(sin)?

söz (vermek) vallaha (billaha) yemin etmek

Ahmet, çim biçme makinanı bir kaç gün için verir misin?
Ama işin bitince getireceksin.
Yemin ederim ki getiririm.

Ahmet, would you lend me your lawn-mower for a couple of days?
But you will bring (it) back when you finish (with it.)
I swear I will.

Bisiklet pompanı alabilir miyim?
Al ama ödünç ha.
Tamam canım. Yarına kadar. Söz. Vallaha.

May I borrow your bicycle pump?
You may but it's only on loan to you.
Well OK. Until tomorrow. Promise. I swear.

Suzan, çok affedersin ama bana eldivenlerini verebilir misin?
Aman lafı mı olur? Gayet tabii.

Suzan, I'm sorry (to bother you) but would you be able to lend me your gloves?
Don't mention it. Of course (I would).

Ali, hiç param kalmadı. 10,000 lira borç verebilir misin?
Kusura bakma. Bende de hiç yok.

Ali, I have no money left. Would you be able to lend me 10,000 lira?
I'm sorry. I don't have any either.

Borç almak/vermek is used only for money.

LOST PROPERTY

. . . -I kaybettim/bulamıyorum

Nüfus cüzdanımı, üniversite kimlik kartımı, araba ehliyetimi kaybettim. Hükümsüzdür.[1] Hayri Aslan

I have lost my birth certificate, my university identity card, and my driver's licence. They are no longer valid. Hayri Aslan

Otelin lobisinde çantamı kaybettim. Birisi alıp gitti herhalde. Size kimse çanta getirdi mi?
Getirmedi ama araştıralım efendim. Tarif eder misiniz nasıl bir çanta idi?
Siyah, küçük, dikdörtgen bir çanta. Metalden fermuarı var.
İçinde ne var?
Her şey. Para cüzdanım, tarak ve fırçam, bir ufak ayna, bir dolma-kalem, bir ruj, bir çift küpe, çakmağım, bir anahtarlık, adres defteri, iki-üç jeton, iki çengelli-iğne.
Aferin! Hepsini birer birer nasıl hatırladınız?
Çantamı hiç boşaltmam. Açtıkça görüyorum tabii.

I've lost my bag in the hotel lobby. Someone probably walked away with it. Has anyone brought you a bag?
No, but let me make enquiries about it, madam. Would you describe it? What sort of bag was it?
A small, black, rectangular bag. It has a metal zip.
What's in it?
Everything. My purse, my comb and brush, a small mirror, a fountain-pen, a lipstick, a pair of earrings, my lighter, a key-holder, an address book, two or three telephone tokens, two safety-pins.
Well done! How did you remember all of those things one by one?
I never empty my bag. Of course I see (them) every time I open it.

[1]When official documents are lost in Turkey, holders of them have to make this public by putting a small advertisement in the newspaper before they can apply to have the documents re-issued.

Every time; the more

-DIkçA means 'every time' or 'the more', depending on the context:

Ankara'ya gittikçe halamı ziyaret ederim.	Each time I go to Ankara, I visit my aunt.
Bebek ağladıkça ben telaşlandım.	The more the baby cried the more worried I got.

The suffix sequence -(ş)Er . . . -(ş)Er

Added to numbers, this indicates groups of the same number:

birer birer	one by one	**üçer üçer**	three by three
ikişer ikişer	two by two	**dörder dörder**	four by four

Without duplication, it means 'one/two/three . . . each':

Hepimize beşer gül verdi.	He gave us all five roses each.

Anybody and somebody

Kimse and **birisi** are the Turkish equivalents of 'anybody' and 'somebody' and are grammatically limited to similar sentence structures:

Positive sentences:	**Birisi var.**	There is somebody.
Negative sentences:	**Kimse yok.**	There isn't anybody.
Interrogative sentences:	**Kimse var mı?**	Is there anybody?

EXERCISE 6

Translate into English:

Hasan'ın aldığı yeni araba çok güzel. 1991 Model. Dört kapılı. Rengi yeşil. Koltukları sarı deriden, geniş ve rahat. Benzin biterken, önde bir ışık yanıp sönüyor. Arkada oturan çocuklar için bile emniyet kemerleri var. Anne, baba öndeki kapıları kilitlerse arkadaki kapılar açılmıyor. İdeal aile arabası.

EXERCISE 7

(a) Tell your friend that you can introduce him to Dr Ahmet Gezer if he does not know him.

(b) Ask your neighbour at the campsite if you can borrow her bread-knife for a couple of minutes.

(c) Write a notice saying that you have lost your bank card in the park and that the person who returns it will be rewarded (given) 50,000 TL.

(d) In the shop you enter there is no one in sight. Ask if there is anybody there.

(e) Your contact is asking the way to your hotel, which is opposite the Iş Bankası building at the corner. Check first if he knows where the bank is and then give the relative location of your hotel.

If you have the cassette, try [OO] Exercise 1 and Exercise 2.

Ders 14

REPORTING SPEECH (1)

. . . diyor/dedi
diye israr etti/diye israr ediyor
diye ekledi/diye ekliyor
. . . imiş/-mIş

Yarın hava Ege ve Akdeniz bölgelerinde açık ve güneşli, Orta ve Doğu Anadolu'da bulutlu, Karadeniz bölgesinde sağanak yağışlı olacak. Marmara bölgesindeki sis sabaha doğru kuzeybatıdan gelen rüzgarla dağılacak. Bütün bölgelerde ısı derecesi oniki ile onsekiz arasında değişecek.

Tomorrow the weather will be clear and sunny in the Aegean and Mediterranean regions, cloudy in Central and Eastern Anatolia, with scattered showers in the Black Sea region. The fog in the Marmara region will clear with the wind coming from the north-west early in the morning. In all regions the temperature will be between twelve and eighteen degrees.

Radyo ne diyor?
'Yarın yağmur yağacak' diyor.
Yağmur mu yağacak? Hani güneşli olacaktı?
'Güneş Akdenizde olacak' diyor.
Burada hava soğuk mu olacakmış?
Ne soğuk ne sıcak. Bütün bölgelerde ısı en az 12 en fazla 18 derece olacakmış. Ilık yani.

What does the radio say?
It says 'It will rain tomorrow'.
Rain? Wasn't it going to be sunny?
It says 'The sun will be in the Mediterranean'.
Does it say that it will be cold here?
Neither cold nor hot. It says that in all regions the temperature will be 12 minimum and 18 maximum. That is, mild.

Reported speech

Speech can be reported either unchanged or by using the participle **'imiş'** which is usually annexed to the tense suffix:

Haritayı takip ediyoruz.	We are following the map.
1 **'Haritayı takip ediyoruz' diyor.**	'We are following the map', he says.
2 **Haritayı takip ediyormuşuz.**	He says that we are following the map.
Kar yağmadan gideceğim.	I will go before it snows.
1 **'Kar yağmadan gideceğim' dedi.**	'I will go before it snows,' she said.
2 **Kar yağmadan gidecekmiş.**	She said that she wanted to go before it snowed.
Hergün dışarıya gideriz.	We go out every day.
1 **'Hergün dışarıya gideriz' der.**	'We go out every day,' she says.
2 **Hergün dışarıya giderlermiş.**	She says that they go out every day.

The only exception occurs in the reporting of a past action in which case the tense suffix **-DI** disappears and is replaced by **-mIş**:

Atlı arabada gittik.	We went by horse-drawn carriage.
1 **'Atlı arabada gittik' dedi.**	'We went by horse-drawn carriage,' he said.
2 **Atlı arabada gitmişler.** (not 'gittimişler')	He said that they went by horse-drawn carriage.

If the speech to be reported is in the question form, the second structure above does not apply. Instead, another structure similar to the first becomes available:

Kışlıkları sandığa kaldıralım mı?	Shall we store the winter clothes in the trunk?
'Kışlıkları sandığa kaldıralım mı?' diye sordu.	'Shall we store the winter clothes in the trunk?' she asked.

A more advanced way of reporting questions will be shown in Ders 15.

EXERCISE 1

Pass the following pieces of information to someone else by using **-mIş**:

(a) Bu sene kış soğuk olacak.
This year the winter will be cold.
(b) Güneş yağı bulamadım.
I could not find any suntan lotion.
(c) Yağmur Ormanlarını mahvediyorlar.
They are destroying the rain forests.
(d) Hayvanları Koruma Derneğinin üyesiyim.
I am a member of the Society for Animal Protection.
(e) İklim kıyılarda nemli içerilerde kurudur.
The climate is humid on the coast and dry inland.
(f) Ağrı Dağı'nda Nuh'un gemisini arıyorlar.
They are looking for Noah's Ark on Mount Ararat.

INVITING APPROVAL

Nasıl (olmuş)/(buldun)?
İyi/Güzel/Doğru/Yakışmış etc. mı?
Ne diyorsun?
Doğru/İyi/Güzel etc. yapmış mıyım?

Büyük Ada'da ev kiraladım. İyi yapmış mıyım?
Çok iyi yapmışsın. Çok sevindim.

I have rented a house in Büyük Ada. Have I done well?
You've done very well. I'm very pleased.

Bu sene tarlaya bakla ekeceğim. Ne diyorsun?
Vallaha çok akıllı bir iş olur.

I'm going to sow broad beans in the field this year. What do you say?
I think that's a very good idea.

Gül, karanfil ve laleden bir buket yaptırdım. Doğru yapmış mıyım?
Bukette toplam kaç çiçek var?
Yirmi.
Aa, çift sayılı çiçek göndermek ayıptır. Tek sayılı göndermeli idin. Ya ondokuz ya da yirmibir.

I've a bouquet made of roses, carnations and tulips. Have I done all right?
How many flowers are there all together in the bunch?
Twenty.
Oh, it isn't the done thing to send flowers in even numbers. You should have sent (them) in odd numbers. Either nineteen or twenty-one.

Çadırı gölün kenarına kurdum. Nasıl olmuş?
Bravo. En ideal yeri bulmuşsun.

I've set up the tent near the lake. How does it look?
Well done. You've found the ideal place.

The environment

ada	island	**kaya**	rock
ağaç	tree	**kıyı**	shore
bitki	plant	**köprü**	bridge
bulut	cloud	**körfez**	bay
çalılık	bush	**köy**	village
çayır	meadow	**kum**	sand
çiçek	flower	**nehir**	river

çim	lawn, grass	**ova**	plain
dağ	mountain	**tarla**	field
deniz	sea	**taş**	stone
gök	sky	**tepe**	hill
göl	lake	**vadi**	valley
arı	bee	**kedi**	cat
aslan	lion	**köpek**	dog
at	horse	**koyun**	sheep
balık	fish	**kurbağa**	frog
domuz	pig	**kuş**	bird
eşek	donkey	**maymun**	monkey
fil	elephant	**örümcek**	spider
inek	cow	**sinek**	fly
kaplumbağa	turtle	**tavuk**	chicken
ay	moon	**güneş**	sun
dünya	earth/world	**yıldız**	star
gezegen	planet	**uzay**	space

Expressing uncertainty about a past action

A past action, which one was not aware of at the time of its occurrence, but which one has noticed at a later stage, is reported in the form: verb + **-mIş** + personal suffix:

Karanlık olmuş.	Night has fallen (= I was not aware it was happening but have just noticed it).

Unawareness of one's own actions may be expressed in a similar way:

Çamura basmışım.	(It looks as if) I've stepped into mud.

When inviting approval, modesty consists in distancing oneself from the act, suggesting that the act has turned out to be an approvable one by chance:

Nasıl yapmışım?	How have I done it?

If uncertainty is mixed with strong expectations a further suffix, **-DIr**, is added to the combination:

Güneyde çiçekler açmıştır.	The flowers must have blossomed in the south.
Bahçeyi sulamışlardır.	They must have watered the garden.

As all anecdotes, tales and pieces of hearsay are second-hand information, they are communicated by **-mIş**. See the anecdotes below.

ANECDOTES

Ya Rabbim ne aksi dünya,
Zenginlere at vermişsin,
Kuşlara kanat vermişsin,
Bana bir merkep yok mu ya!

Dear God, what an unfair world (this is),
You have given a horse to the rich,
You have given wings to the birds,
(And) there isn't even a mule for me!

Now try this one for yourself:

Bir sabah bir Karadenizli bir penguen bulmuş ama daha önce hiç penguen görmediği için ne yapacak, bilememiş. Yolda bir arkadaşına rastlamış.

'Ben bunu ne yapayım' diye sormuş. Arkadaşı cevap vermiş:

'Hayvanat bahçesine götür.'

Akşamüzeri arkadaşı gene Karadenizli ile karşılaşmış. Bakmış hâlâ yanında penguen, yolda yürüyor.

'Ben sana bunu hayvanat bahçesine götür demedim mi?' demiş. Karadenizli cevap vermiş:

'Götürdüm, ondan sonra sirke gittik, şimdi de sinemaya götürüyorum.'

Story vocabulary

penguen	penguin
rastlamak	to bump into
hayvanat bahçesi	zoo
karşılaşmak	to come across

EXERCISE 2

You have just read the following. Pass it on to a Turkish friend who does not understand English:

In the south-west of Turkey, near Köyceğiz, there is a place called Dalyan. There, the turtles come up on the shore in the summer nights to leave their eggs in the sand. Then, they go back to the sea the same evening. When the time comes, the baby turtles hatch out of the eggs, run into the sea immediately and swim away. The small turtles are said to find their way in the Mediterranean Sea with the help of the moonlight.

EXERCISE 3

Complete the sentences below:

Örnek: Ben civciv yumurtanın sarısından olur zannederdim.
I thought that the chick developed from the yolk of the egg.
Meğerse yumurtanın nüvesinden olurmuş.
Apparently it develops from the nucleus of the egg.

(a) Ben örümceğin altı bacağı var zannederdim. Meğerse . . .
(b) Avustralya'nın başkenti Sydney zannederdim. Meğerse . . .
(c) Güney kutbunda her zaman buz olur zannederdim. Meğerse . . .
(d) Brezilya'da İspanyolca konuşulur zannederdim. Meğerse . . .
(e) Lale çiçeğinin esas memleketi Hollanda zannederdim. Meğerse . . .
(f) En kısa gün 31 Aralıkta olur zannederdim. Meğerse . . .

Ders 15

REPORTING SPEECH (2)

Söyledi Bildirdik Kabul ettiler		
		sordu
. . . (y)Ip . . .	-mEdIğInI	öğrenmek istiyor
	-mEyEcEğInI	merak ediyoruz

Reporting straightforward directives

Ev ödevinizi yapın.
Ev ödevimizi yapmamızı söyledi.

Do your homework.
He told us to do our homework.

Tekrarlayın.
Tekrarlamamızı söyledi.

Repeat it.
He told us to repeat it.

Reporting statements

Anlamadık.
Anlamadıklarını bildirdiler.

We haven't understood (it).
They informed us that they had not understood (it).

O kelimeyi bilmiyorum.
O kelimeyi bilmediğini kabul etti.

I don't know that word.
She admitted that she did not know that word.

İmtihanı geçeceğim.
İmtihanı geçeceğini söylüyor.

I'll pass the examination.
He says that he will pass the examination.

Reporting questions

Öğretmen geldi mi?
Öğretmenin gelip gelmediğini sordu.

Has the teacher come?
She asked whether the teacher had come (or not).

Bir daha söyler misiniz lütfen?
Bir daha söyleyip söylemiyeceğimi sordu.

Will you say it again please?
He asked me to say it again.

Biraz yavaş konuşabilir misiniz acaba?
Biraz yavaş konuşup konuşamıyacağımı sordu.

Can you speak a bit more slowly, I wonder?
She asked if I could speak a bit more slowly.

Reporting questions with *kim, kimin, nerede, nasıl, ne zaman, ne* etc.

Bunu nasıl telaffuz edersiniz?
Bunu nasıl telaffuz edeceğimi sordu.

How would you pronounce this?
He asked how I would pronounce this.

Bunun İngilizcesi nedir?
Bunun İngilizcesinin ne olduğunu sordu.

What is the English (word) for this?
She asked what the English (word) was for this.

Türkçeyi nerede öğrendiniz.
Türkçeyi nerede öğrendiğimi sordu.

Where did you learn Turkish?
He asked where I had learnt Turkish.

Demek *and* Söylemek

Söylemek is used with indirect forms of speech:

Ankaraya gideceğini söyledi.	He said that he would go to Ankara.

Demek is used with direct forms:

'Ankara'ya gideceğim' dedi.	'I will go to Ankara' he said.

EXERCISE 1

Comment on Ayşe's linguistic skills.

Örnek: **Fransızca okuyabiliyor ama ne yazabiliyor, ne konuşabiliyor, ne de duyduğunu anlayabiliyor.**

	konuşma	*duyduğunu anlama*	*okuma*	*yazma*
Fransızca	hayır	hayır	evet	hayır
İngilizce	evet	evet	evet	evet
Almanca	evet	evet	hayır	hayır
İspanyolca	hayır	hayır	evet	evet
İtalyanca	hayır	evet	evet	hayır

EXPRESSING CONTRADICTIONS

halde yerde aksine -mEktEnsE

Çok çalıştığı halde tercümeyi zamanında bitiremedi.
Although he worked hard, he could not finish the translation on time.

Kütüphane duvarında 'Konuşmayınız' diye bir yazı olduğu halde, Ali konuştu.
Although there was a sign saying 'Do not talk' on the library wall, Ali did talk.

Lugata bakacağı yerde kelimelerin anlamını benden soruyor.
Instead of looking in a dictionary, he asks me the meaning of the words.

Kursa gideceği yerde zamanını gezerek geçirdi.
Instead of going on a course, he wasted time by messing about.

Bir Avrupa dili öğrenmektense Türkçe öğrenmeyi tercih ettim.
Rather than learning a European language, I preferred to learn Turkish.

Pratiği laboratuvarda yapmaktansa, kendine bir Türk arkadaş bul.
Rather than doing practical (work) in the (language) laboratory, find yourself a Turkish friend.

Tahminlerin aksine, altı ayda bu lisanı fevkalade öğrendim.
Contrary to expectations, I have made very good progress in this language in six months.

Söylenenlerin aksine, Türkçeyi çok kolay buldular.
Contrary to what had been said, they found Turkish very easy.

Public notices

Bay	Gentlemen
Bayan	Ladies

Boş	Unoccupied
Çekiniz	Pull
Çıkış	Exit
Çimlere basmayın	Keep off the grass
Danışma	Enquiries
Dikkat	Attention
Dur	Stop
Dolu	Engaged
Girilmez	No entry
Giriş	Entrance
Hastahane	Hospital
İmdat Yeleği	Life-jacket
İtiniz	Push
Jandarma	Gendarme
Karakol	Police station
Kayıp Eşya Bürosu	Lost Property office
Kiralık	To rent
Meşgul	Engaged
Ormanları koruyalım	Protect the forests
Polis	Police
PTT	Post Office
Satılık	For sale
Sigara İçilmez	No smoking
Tehlike	Danger
Tenzilatlı Satışlar	Sale
Vezne	Cashier's office
Yangın Merdiveni	Fire escape
Yasak	Prohibited
Yasak Bölge	Off-limits area

More on *Diye*

Diye can be used to explain the reason(s) for a certain action or state of affairs:

Anlasın diye yavaş konuşuyorum	I'm talking slowly so that he can understand.
İmtahanı geçemedi diye çok üzgün.	She is very upset because she could not pass the examination.

It is also used in reporting titles, signs, or written messages:

'Bir Türk Ailesinin Portresi' diye bir kitap okuyorum.
I'm reading a book entitled 'Portrait of a Turkish family'.

COMPREHENSION TEST

Uçakta yanıma bir İngiliz hanım oturdu. Herhalde elli yaşlarındaydı. Daha uçak kalkmadan konuşmaya başladı. Seyahatte kitap, mecmua gibi şeyler okumaktan nefret ederim. Yolun çoğunda uyumak istiyordum. Ama hanımın neşeli hali ile yorgunluğumu unuttum.

Türk mutfağı ile ilgili bir kitap yazıyormuş. İstanbul'da kaldığı on gün içinde meşhur lokantaları dolaşmış ve yemek fotoğrafları çekmiş. Ama bundan başka bir sebebi daha varmış Türkiye'ye gelmesinin. Mimar olan eşiyle üç sene önce evlenmişler. Epeyi düşündükten sonra bir Türk çocuğu evlat edinmeğe karar vermişler.

On gün müracaatı bitirmek için koşa koşa yorulmuş. En sonunda memurlar. 'Siz İngiltere'ye dönün. İşlemler bitince biz sizi çağırırız' demişler.

'Bebeğin adını ne koyacaksınız', diye sordum.

Bilmiyorum. Kocam hem Türkçeye hem de İngilizceye uygun bir isim istiyor, ama öyle bir isim henüz bulamadım', dedi.

Pencereden dışarı baktım. Aşağıda Marmara Denizi'nin suları güneş altında parlıyordu. Birden döndüm ve 'Deniz nasıl?' diye sordum. Gülümsedi. Sanki gözleriyle teşekkür ediyordu.

(a) Yolda uyumak istedim çünkü
   1 kitap mitap okumayı sevmezdim.
   2 daha uçak kalkmamıştı.
   3 yorgundum.

(b) Yanıma oturan hanım konuşuyordu çünkü
   1 elli yaşlarındaydı.
   2 çok konuşkan idi.
   3 yorgun değildi.

(c) Hanım İstanbul'da yemek fotoğrafları çekmiş çünkü
1 meşhur lokantaları gezmiş.
2 orada 10 gün kalmış.
3 yemek kitabı yazıyormuş.

(d) Hanım çocuk evlat edinmek istemiş çünkü
1 eşi mimarmış.
2 üç sene önce evlenmiş.
3 pek genç değilmiş.

(e) Hanım İngiltere'ye dönüyormuş çünkü
1 on gün çok koşmuş ve yorulmuş.
2 müracaat işleri bitmiş.
3 memurlar dönmesini söylemişler.

(f) Bebeğin adını bulamamış çünkü
1 iki lisana uygun bir isim bulmak zormuş.
2 hem Türkçe hem de İngilizce bilmiyormuş.
3 kocası hem Türkçe hem de İngilizce öğreniyormuş.

(g) 'Deniz nasıl?' diye sordum çünkü
1 aşağıda Marmara Denizini gördüm.
2 sular güneş altında parlıyordu.
3 istediği gibi bir isimdi.

(h) Hanım gülümsedi çünkü
1 aradığı ismi bulmuştu.
2 teşekkür etmek istiyordu.
3 artık konuşamıyordu.

If you have the cassette, try the last exercise.

Verb Tense Charts

In this section all possible conjugations, even those which fall beyond the scope of this book, are listed. Due to lack of space, the English translations are given only for the first person singular. The reader should be aware of the fact that these translations are just a rough guideline and are by no means exhaustive of all the possible shades of meaning the Turkish tense can provide in a variety of contexts.

Most words of more than one syllable are stressed on the final syllable, but there are many exceptions to this generally accepted rule. Therefore, throughout these charts, we will show stressed syllables of words which have their final syllables unstressed in capital letters. Otherwise, please assume that the stress is on the last syllable.

CONTINUOUS TENSE

	POSITIVE	INTERROGATIVE	NEGATIVE	INTERROGATIVE
	I am coming	*Am I coming?*	*I am not coming*	*Am I not coming?*
Singular				
1	geLİyorum	geLİyor muyum	GELmiyorum	GELmiyor muyum
2	geLİyorsun	geLİyor musun	GELmiyorsun	GELmiyor musun
3	geLİyor	geLİyor mu	GELmiyor	GELmiyor mu
Plural				
1	geLİyoruz	geLİyor muyuz	GELmiyoruz	GELmiyor muyuz
2	geLİyorsunuz	geLİyor musunuz	GELmiyorsunuz	GELmiyor musunuz
3	geLİyorlar	geLİyorlar mı	GELmiyorlar	GELmiyorlar mı
With **İDİ** (Past Auxiliary)	*I was coming*	*Was I coming?*	*I was not coming*	*Was I not coming?*
Singular				
1	geLİyordum	geLİyor muydum	GELmiyordum	GELmiyor muydum
2	geLİyordun	geLİyor muydun	GELmiyordun	GELmiyor muydun
3	geLİyordu	geLİyor muydu	GELmiyordu	GELmiyor muydu
Plural				
1	geLİyorduk	geLİyor muyduk	GELmiyorduk	GELmiyor muyduk
2	geLİyordunuz	geLİyor muydunuz	GELmiyordunuz	GELmiyor muydunuz
3	geLİyorlardı	geLİyorlar mıydı	GELmiyorlardı	GELmiyorlar mıydı

With **İSE** (Conditional Auxiliary)	*If I am coming*		*If I am not coming*	
Singular				
1	geLİyorsam		GELmiyorsam	
2	geLİyorsan		GELmiyorsan	
3	geLİyorsa		GELmiyorsa	
Plural				
1	geLİyorsak		GELmiyorsak	
2	geLİyorsanız		GELmiyorsanız	
3	geLİyorlarsa		GELmiyorlarsa	
With **İMİŞ** (Presumptive Auxiliary)	*(They say) I am coming*	*(Do they say) I am coming?*	*(They say) I'm not coming*	*(Do they say) I'm not coming?*
Singular				
1	geLİyormuşum	geLİyor muymuşum	GELmiyormuşum	GELmiyor muymuşum
2	geLİyormuşsun	geLİyor muymuşsun	GELmiyormuşsun	GELmiyor muymuşsun
3	geLİyormuş	geLİyor muymuş	GELmiyormuş	GELmiyor muymuş
Plural				
1	geLİyormuşuz	geLİyor muymuşuz	GELmiyormuşuz	GELmiyor muymuşuz
2	geLİyormuşsunuz	geLİyor muymuşsunuz	GELmiyormuşsunuz	GELmiyor muymuşsunuz
3	geLİyorlarmış	geLİyorlar mıymış	GELmiyorlarmış	GELmiyorlar mıymış

SIMPLE TENSE

	POSITIVE	INTERROGATIVE	NEGATIVE	INTERROGATIVE
	I come	*Do I come?*	*I don't come*	*Don't I come?*
Singular				
1	geLİRim	geLİR miyim	gelMEM	gelMEZ miyim
2	geLİRsin	geLİR misin	gelMEZsin	gelMEZ misin
3	geLİR	geLİR mi	gelMEZ	gelMEZ mi
Plural				
1	geLİRiz	geLİR miyiz	gelMEYiz	gelMEZ miyiz
2	geLİRsiniz	geLİR misiniz	gelMEZsiniz	gelMEZ misiniz
3	gelirLER	gelirLER mi	gelmezLER	gelmezLER mi
With **İDİ** (Past Auxiliary)	*I used to come*	*Did I use to come?*	*I didn't use to come*	*Didn't I use to come?*
Singular				
1	geLİRdim	geLİR miydim	gelMEZdim	gelMEZ miydim
2	geLİRdin	geLİR miydin	gelMEZdin	gelMEZ miydin
3	geLİRdi	geLİR miydi	gelMEZdi	gelMEZ miydi
Plural				
1	geLİRdik	geLİR miydik	gelMEZdik	gelMEZ miydik
2	geLİRdiniz	geLİR miydiniz	gelMEZdiniz	gelMEZ miydiniz
3	gelirLERdi	gelirLER miydi	gelmezLERdi	gelmezLERmiydi

With **İSE** (Conditional Auxiliary)	*If I come*		*If I don't come*	
Singular				
1	geLİRsem		gelMEZsem	
2	geLİRsen		gelMEZsen	
3	geLİRse		gelMEZse	
Plural				
1	geLİRsek		gelMEZsek	
2	geLİRseniz		gelMEZseniz	
3	gelirLERse		gelmezLERse	
With **İMİŞ** (Presumptive Auxiliary)	*(They say) I come*	*(Do they say) I come?*	*(They say) I don't come*	*(Do they say) I don't come?*
Singular				
1	geLİRmişim	geLİR miymişim	gelMEZmişim	gelMEZ miymişim
2	geLİRmişsin	geLİR miymişsin	gelMEZmişsin	gelMEZ miymişsin
3	geLİRmiş	geLİR miymiş	gelMEZmiş	gelMEZ miymiş
Plural				
1	geLİRmişiz	geLİR miymişiz	gelMEZmişiz	gelMEZ miymişiz
2	geLİRmişsiniz	geLİR miymişsiniz	gelMEZmişsiniz	gelMEZ miymişsiniz
3	gelirLERmiş	geLİRler miymiş	gelmezLERmiş	gelmezLER miymiş

PAST TENSE

	POSITIVE	INTERROGATIVE	NEGATIVE	INTERROGATIVE
	I came	*Did I come?*	*I did not come*	*Did I not come?*
Singular				
1	gelDİM	gelDİM mi	GELmedim	GELmedim mi
2	gelDİN	gelDİN mi	GELmedin	GELmedin mi
3	gelDİ	gelDİ mi	GELmedi	GELmedi mi
Plural				
1	gelDİK	gelDİK mi	GELmedik	GELmedik mi
2	geldNİZ	geldiNİZ mi	GELmediniz	GELmediniz mi
3	geldiLER	geldiLER mi	GELmediler	GELmediler mi
With **İDİ** (Past Auxiliary)	*I had come*	*Had I come?*	*I had not come*	*Had I not come?*
Singular				
1	gelDİYdim	gelDİ miydim	GELmediydim	GELmedi miydim
2	gelDİYdin	gelDİ miydin	GELmediydin	GELmedi miydin
3	gelDİYdi	gelDİ miydi	GELmediydi	GELmedi miydi
Plural				
1	gelDİYdik	gelDİ miydik	GELmediydik	GELmedi miydik
2	gelDİYdiniz	gelDİ miydiniz	GELmediydiniz	GELmedi miydiniz
3	geldiLERdi	geldiLER miydi	GELmedilerdi	GELmediler miydi

With **İSE** (Conditional Auxiliary)	*If I came*	*If I did not come*
Singular		
1	gelDİYsem	GELmediysem
2	gelDİYsen	GELmediysen
3	gelDİYse	GELmediyse
Plural		
1	gelDİYsek	GELmediysek
2	gelDİYseniz	GELmediyseniz
3	geldiLERse	GELmedilerse

SPECIAL PAST TENSE (WITH -MıŞ)

	POSITIVE	INTERROGATIVE	NEGATIVE	INTERROGATIVE
	(They say) I came	*(Do they say) I came?*	*(They say) I didn't come*	*(Do they say) I didn't come?*
Singular				
1	gelMİŞim	gelMİŞ miyim	GELmemişim	GELmemiş miyim
2	gelMİŞsin	gelMİŞ misin	GELmemişsin	GELmemiş misin
3	gelMİŞ	gelMİŞ mi	GELmemiş	GELmemiş mi
Plural				
1	gelMİŞiz	gelMİŞ miyiz	GELmemişiz	GELmemiş miyiz
2	gelMİŞsiniz	gelMİŞ misiniz	GELmemişsiniz	GELmemiş misiniz
3	gelmişLER	gelmişLER mi	GELmemişler	GELmemişler mi
With **İDİ** (Past Auxiliary)	*I had come*	*Had I come?*	*I had not come*	*Had I not come?*
Singular				
1	gelMİŞtim	gelMİŞ miydim	GELmemiştim	GELmemiş miydim
2	gelMİŞtin	gelMİŞ miydin	GELmemiştin	GELmemiş miydin
3	gelMİŞti	gelMİŞ miydi	GELmemişti	GELmemiş miydi
Plural				
1	gelMİŞtik	gelMİŞ miydik	GELmemiştik	GELmemiş miydik
2	gelMİŞtiniz	gelMİŞ miydiniz	GELmemiştiniz	GELmemiş miydiniz
3	gelmişLERdi	gelmişLER miydi	GELmemişlerdi	GELmemişler miydi

With İSE (Presumptive Auxiliary)	*If (they say) I had come*	*If (they say) I had not come*
Singular		
1	gelMİŞsem	GELmemişsem
2	gelMİŞsen	GELmemişsen
3	gelMİŞse	GELmemişse
Plural		
1	gelMİŞsek	GELmemişsek
2	gelMİŞseniz	GELmemişseniz
3	gelmişLERse	GELmemişlerse

FUTURE TENSE

	POSITIVE	INTERROGATIVE	NEGATIVE	INTERROGATIVE
	I will come	*Will I come?*	*I will not come*	*Will I not come?*
Singular				
1	geleCEğim	geleCEK miyim	GELmeyeceğim	GELmeyecek miyim
2	geleCEksin	geleCEK misin	GELmeyeceksin	GELmeyecek misin
3	geleCEK	geleCEK mi	GELmeyecek	GELmeyecek mi
Plural				
1	geleCEğiz	geleCEK miyiz	GELmeyeceğiz	GELmeyecek miyiz
2	geleCEKsiniz	geleCEK misiniz	GELmeyeceksiniz	GELmeyecek misiniz
3	gelecekLER	gelecekLER mi	GELmeyecekler	GELmeyecekler mi
With **İDİ** (Past Auxiliary)	*I was going to come*	*Was I going to come?*	*I was not going to come*	*Was I not going to come?*
Singular				
1	geleCEKtim	geleCEK miydim	GELmeyecektim	GELmeyecek miydim
2	geleCEKtin	geleCEK miydin	GELmeyecektin	GELmeyecek miydin
3	geleCEKti	geleCEK miydi	GELmeyecekti	GELmeyecek miydi
Plural				
1	geleCEKtik	geleCEK miydik	GELmeyecektik	GELmeyecek miydik
2	geleCEKtiniz	geleCEK miydiniz	GELmeyecektiniz	GELmeyecek miydiniz
3	geleCEKlerdi	geleCEKler miydi	GELmeyeceklerdi	GELmeyecekler miydi

With **İSE** (Conditional Auxiliary)	*If I am going to come*		*If I'm not going to come*	
Singular				
1	geleCEKsem		GELmeyeceksem	
2	geleCEKsen		GELmeyeceksen	
3	geleCEKse		GELmeyecekse	
Plural				
1	geleCEKsek		GELmeyeceksek	
2	geleCEKseniz		GELmeyecekseniz	
3	gelecekLERse		GELmeyeceklerse	
With **İMİŞ** (Presumptive Auxiliary)	*(They say) I will come.*	*(Do they say) I will come?*	*(They say) I won't come*	*(Do they say) I won't come?*
Singular				
1	geleCEKmişim	geleCEK miymişim	GELmeyecekmişim	GELmeyecek miymişim
2	geleCEKmişsin	geleCEK miymişsin	GELmeyecekmişsin	GELmeyecek miymişsin
3	geleCEKmiş	geleCEK miymiş	GELmeyecekmiş	GELmeyecek miymiş
Plural				
1	geleCEKmişiz	geleCEK miymişiz	GELmeyecekmişiz	GELmeyecek miymişiz
2	geleCEKmişsiniz	geleCEK miymişsiniz	GELmeyecekmişsiniz	GELmeyecek miymişsiniz
3	gelecekLERmiş	gelecekLER miymiş	GELmeyeceklermiş	GELmeyecekler miymiş

CONDITIONAL TENSE

	POSITIVE	INTERROGATIVE	NEGATIVE	INTERROGATIVE
	Supposing I come	*(Do you think) I should come?*	*Supposing I don't come*	*(Do you think) I should not come?*
Singular				
1	gelSEM	gelSEM mi	gelmeSEM	gelmeSEM mi
2	gelSEn	gelSEn mi	GELmesen	GELmesen mi
3	gelSE	gelSE mi	GELmese	GELmese mi
Plural				
1	gelSEK	gelSEK mi	GELmesek	GELmesek mi
2	gelseNİZ	gelseNİZ mi	GELmeseniz	GELmeseniz mi
3	gelseLER	gelseLER mi	GELmeseler	GELmeseler mi
With **İDİ** (Past Auxiliary)	*If I had come*	*(Do you think) I should have come?*	*Supposing I didn't come*	*(Do you think) I should not have come?*
Singular				
1	gelSEYdim	gelSE miydim	GELmeseydim	GELmese miydim
2	gelSEYdin	gelSE miydin	GELmeseydin	GELmese miydin
3	gelSEYdi	gelSE miydi	GELmeseydi	GELmese miydi
Plural				
1	gelSEYdik	gelSE miydik	GELmeseydik	GELmese miydik
2	gelSEYdiniz	gelSE miydiniz	GELmeseydiniz	GELmese miydiniz
3	gelSElerdi	gelSEler miydi	GELmeselerdi	GELmeseler miydi

With **İMİŞ** (Presumptive Auxiliary)	*(They say) I'd better come*	*(Do they say) I'd better come?*	*(They say) I'd better not come*	*(Do they say) I'd better not come?*
Singular				
1	gelSEYmişim	gelSE miymişim	GELmeseymişim	GELmese miymişim
2	gelSEYmişsin	gelSE miymişsin	GELmeseymişsin	GELmese miymişsin
3	gelSEYmiş	gelSE miymiş	GELmeseymiş	GELmese miymiş
Plural				
1	gelSEYmişiz	gelSE miymişiz	GELmeseymişiz	GELmese miymişiz
2	gelSEYmişsiniz	gelSE miymişsiniz	GELmeseymişsiniz	GELmese miymişsiniz
3	gelSElermiş	gelSEler miymiş	GELmeselermiş	GELmeseler miymiş

NECESSITATIVE MOOD

	POSITIVE	INTERROGATIVE	NEGATIVE	INTERROGATIVE
	I have to come	*Do I have to come?*	*I should not come*	*Should I not come?*
Singular				
1	gelmeLİyim	gelmeLİ miyim	GELmemeliyim	GELmemeli miyim
2	gelmeLİsin	gelmeLİ misin	GELmemelisin	GELmemeli misin
3	gelmeLİ	gelmeLİ mi	GELmemeli	GELmemeli mi
Plural				
1	gelmeLİyiz	gelmeLİ miyiz	GELmemeliyiz	GELmemeli miyiz
2	gelmeLİsiniz	gelmeLİ misiniz	GELmemelisiniz	GELmemeli misiniz
3	gelmeliLER	gelmeliLER mi	GELmemeliler	GELmemeliler mi
With **İDİ** (Past Auxiliary)	*I had to come*	*Did I have to come?*	*I should not have come*	*Should I not have come?*
Singular				
1	gelmeLİYdim	gelmeLİ miydim	GELmemeliydim	GELmemeli miydim
2	gelmeLİYdin	gelmeLİ miydin	GELmemeliydin	GELmemeli miydin
3	gelmeLİYdi	gelmeLİ miydi	GELmemeliydi	GELmemeli miydi
Plural				
1	gelmeLİYdik	gelmeLİ miydik	GELmemeliydik	GELmemeli miydik
2	gelmeLİYdiniz	gelmeLİ miydiniz	GELmemeliydiniz	GELmemeli miydiniz
3	gelmeLİYdiler	gelmeLİ miydiler	GELmemeliydiler	GELmemeli miydiler

With **İSE** (Conditional Auxiliary)	*If I have to come*		*If I don't have to come*	
Singular				
1	gelmeLİYsem		GELmemeliysem	
2	gelmeLİYsen		GELmemeliysen	
3	gelmeLİYse		GELmemeliyse	
Plural				
1	gelmeLİYsek		GELmemeliysek	
2	gelmeLİYseniz		GELmemeliyseniz	
3	gelmeLİYseler		GELmemeliyseler	
With **İMİŞ** (Presumptive Auxiliary)	*(They say) I have to come*	*(Do they say) I have to come?*	*(They say) I should not have come*	*(Do they say) I should not have come?*
Singular				
1	gelmeLİYmişim	gelmeLİ miymişim	GELmemeliymişim	GELmemeli miymişim
2	gelmeLİYmişsin	gelmeLİ miymişsin	GELmemeliymişsin	GELmemeli miymişsin
3	gelmeLİYmiş	gelmeLİ miymiş	GELmemeliymiş	GELmemeli miymiş
Plural				
1	gelmeLİYmişiz	gelmeLİ miymişiz	GELmemeliymişiz	GELmemeli miymişiz
2	gelmeLİYmişsiniz	gelmeLİ miymişsiniz	GELmemeliymişsiniz	GELmemeli miymişsiniz
3	gelmeLİYmişler	gelmeLİ miymişler	GELmeli miymişler	GELmemeli miymişler

SUBJUNCTIVE MOOD

	POSITIVE	INTERROGATIVE	NEGATIVE	INTERROGATIVE
	I'd better come	*Shall I come?*	*I'd better not come*	*Shall I not come?*
Singular				
1	geleYİM	geleYİM mi	GELmeyeyim	GELmeyeyim mi
2	geleSİN*		GELmeyesin*	
3	geLE*		GELmeye*	
Plural				
1	geleLİM	geleLİM mi	GELmeyelim	GELmeyelim mi
2	geLEsiniz*		GELmeyesiniz*	
3	geleLER*		GELmeyeler*	
With **İDİ** (Past Auxiliary)	*I wish I had come*		*I wish I had not come*	
Singular				
1	geLEYdim		GELmeyeydim	
2	geLEYdin		GELmeyeydin	
3	geLEYdi		GELmeyeydi	
Plural				
1	geLEYdik		GELmeyeydik	
2	geLEYdiniz		GELmeyeydiniz	
3	geLEYdiler		GELmeyeydiler	

*not in frequent use. See other uses of the Subjunctive Mood in Ders 7.

DIRECTIVE MOOD

	POSITIVE	NEGATIVE
	Come!	*Don't come!*
Singular		
1		
2	gel	GELme
3	gelSİN	GELmesin
Plural		
1		
2	GElin/GEliniz	GELmeyin/ GELmeyiniz
3	gelsinLER	GELmesinler

Key to Exercises

Pronunciation guide

Exercise 1 (p. 15)

(a) almak
(b) olmak
(c) gelmek
(d) ölmek
(e) ısırmak
(f) itmek
(g) uçmak
(h) ürkmek

Exercise 2 (p. 16)

(a) aLIyorsun
(b) oLUyorsun
(c) geLIyorsun
(d) öLÜyorsun
(e) ısıRIyorsun
(f) iTIyorsun
(g) uÇUyorsun
(h) ürKÜyorsun

Exercise 3 (p. 24)

(a) attı
(b) okudu
(c) içti
(d) konuştu
(e) söyledi
(f) yazdı
(g) düştü
(h) gördü

Exercise 4 (p. 24)

(a) ÇINce
(b) DaniMARkaca
(c) NORveçce
(d) İzLANdaca
(e) RUSça
(f) İspanYOLca
(g) FranSIZca
(h) AlMANca
(i) YuNANca
(j) Arapça
(k) JaPONca

Ders 1

Exercise 1 (p. 37)

(a) Benim sigaram
(b) Onun adresi
(c) Senin otomobilin
(d) Ahmed'in bisikleti
(e) Peter'in ceketi
(f) Susan'ın telefonu
(g) Bizim biramız

Exercise 2 (p. 38)

(a) Çocuk Türk değil mi?
(b) Onlar evli değiller mi?
(c) Biz İtalyan değil miyiz?
(d) Siz İngiliz değil misiniz?
(e) Ahmet doktor değil mi?
(f) Ayşe sekreter değil mi?

Exercise 3 (p. 38)

(a) Garson evli, değil mi?
(b) Pilot Türk, değil mi?
(c) Ali çocuk değil, değil mi?
(d) Müzisyenler hasta değiller, değil mi?
(e) Hakkı Bey bekâr, değil mi?
(f) Hanımefendi öğretmen değil, değil mi?

Exercise 5 (p. 38)

(a) Soyadınız nedir?
(b) İyi akşamlar, Talip Bey.
(c) Günaydın.
(d) Nasılsın?
(e) İyilik sağlık.

Ders 2

Exercise 1 (p. 43)

(a) Bu Ayşe Hiç'in kızı, Selma mı?
(b) O Ayla'nın erkek kardeşi, Osman mı?

(c) Bu Ahmed'in eşi, Neşe mi?
(d) O Mehmed'in oğlu, Kerim mi?
(e) Bu Nazmi Bey'in annesi, Ayten Hanım mı?
(f) O Fatma Okur'un dedesi, Ömer Okur mu?

Exercise 2 (p. 43)

(a) Nasılsın?
(b) Nasılsınız?
(c) Nasılsın?
(d) Nasılsın?

Exercise 3 (p. 44)

(a) teyzem
(b) kuzenim
(c) babaannem
(d) eniştem
(e) halam
(f) dayım

Exercise 4 (p. 44)

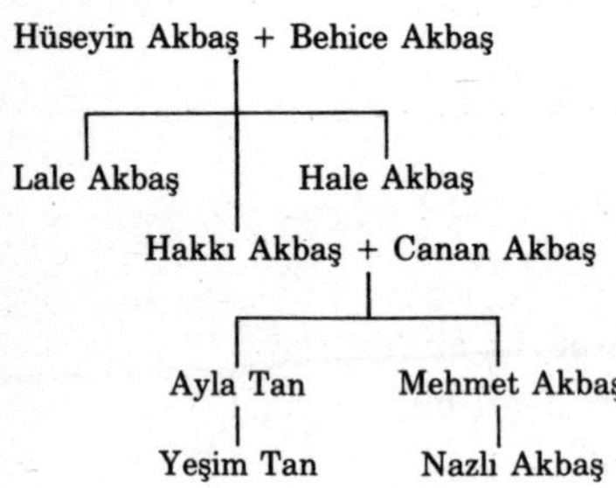

Exercise 5 (p. 46)

Cemil Bey, sizi Ayhan Bey'le tanıştırayım. Cemil Acıbadem, banka müdürüm, Ayhan Toros, komşum.

Exercise 6 (p. 48)

(a) Hayır, fizikçi değil, balerin.
(b) Hayır, politikacı değil, modacı.
(c) Hayır, balerin değil, politikacı.
(d) Hayır, modacı değil, fizikçi.
(e) Hayır, iş adamı değil, tenisçi.
(f) Hayır, tenisçi değil, rejisör.

Exercise 7 (p. 48)

(a) Profesör üniversitede çalışır.
(b) İşçi fabrikada çalışır.
(c) Sekreter ofiste çalışır.
(d) Gazeteci gazetede çalışır.
(e) Banker bankada çalışır.
(f) Muhasebeci muhasebede çalışır.

Exercise 8 (p. 49)

Merhaba
Siz – any name – değil misiniz?
Öyle mi? Memnum oldum.
Bankada – or any place name – mı çalışırsınız?

Ders 3

Exercise 1 (p. 52)

(a) üçyüz kırkyedi
(b) ellidokuz
(c) sekizbin altıyüz oniki
(d) yüzelliüçbin sekizyüz kırkiki
(e) otuzbeşbin dokuzyüz altı
(f) birmilyon otuzdörtbin dokuzyüz ellibir

Exercise 2 (p. 52)

(a) 101 Dalmatians
(b) Around The World in 80 Days
(c) Ali Baba and the 40 Thieves
(d) 1001 Nights
(e) 3 Musketeers
(f) 20,000 Leagues Under the Sea

Exercise 3 (p. 53)

1967

Exercise 4 (p. 55)

(a) Hayır (İtalyan değil), İngiliz.
(b) Hayır, Amerikalı.
(c) Hayır, İtalyan.
(d) Hayır, Fransız.
(e) Hayır, Belçikalı.
(f) Hayır, Amerikalı.

Exercise 5 (p. 55)

(a) Cambridge Londra'nın kuzeyinde
(b) Japonya Kore'nin doğusunda
(c) Portekiz İspanya'nın batısında
(d) Hamburg Münih'in kuzeyinde
(e) Trabzon Antalya'nın kuzey-doğusunda
(f) İtalya İngiltere'nin güney-doğusunda

Exercise 6 (p. 56)

(a) La dame aux camélias
(b) Little Red Riding Hood
(c) Helen of Troy
(d) Puss in Boots
(e) Richard The Lion-Heart
(f) Pied Piper of Hamelin

Exercise 8 (p. 58)

(a) Terzi, bankerin altında/şöförün üstünde/pilotun yanında oturuyor.
(b) Öğretmen, mühendis ile fizikçinin arasında/dişçinin altında/piyanistin üstünde oturuyor.
(c) Şöför, terzinin altında/ressamın yanında/memurun üstünde oturuyor.
ğrenci kütüphanecinin altında/işçinin yanında otu-

Exercise 9 (p. 59)

(a) Eşin nerede?
(b) Kızınız kaç yaşında?
(c) Türkiye'nin neresindensiniz?
(d) İngiliz Sefaretinin telefon numarası nedir?

Ders 4

Exercise 1 (p. 63)

(a) Masayı büyük değil, küçük isterim.
(b) Büfeyi geniş değil, dar isterim.
(c) İskemleleri alçak değil, yüksek isterim.
(d) Kanepeyi kumaş değil, deri isterim.
(e) Koltukları gri değil, mor isterim.

Exercise 2 (p. 63)

(a) Limon sarıdır.
(b) Kan kırmızıdır.
(c) Süt beyazdır.
(d) Yaprak yeşildir.
(e) Gök mavidir.
(f) Kömür siyahtır.
(g) Portakal turuncudur.
(h) Kahve kahverengidir.

Exercise 3 (p. 68)

(a) He has to go out.
(b) You have to sit.
(c) They have to come.
(d) I have to look.
(e) It has to start.
(f) We have to get up.

Exercise 4 (p. 68)

(a) Hiç vaktim yok, kalkmam lâzım.
(b) Bu akşam Ahmet Bey geliyor, kalkmam lâzım.
(c) Konser başlıyor, kalkmam lâzım.
(d) Kuzenim bankada bekliyor, kalkmam lâzım.

Exercise 5 (p. 69)

(a) Buyrun, girin.
(b) Kahvenizde süt ister misiniz?
(c) Bu perdeler yeşil mi, mavi mi?
(d) Hem yeni evimden hem de komşularımdan çok memnunum.
(e) Odam çok geniş, çok teşekkür ederim.

Ders 5

Exercise 1 (p. 72)

(a) Ooo, kebabınız çok lezzetli!
(b) Ooo, banyonuz çok ferah!
(c) Ooo, elbiseniz çok şık!
(d) Ooo, kızınız çok akıllı!
(e) Ooo, koltuğunuz çok rahat!

Exercise 4 (p. 78)

(a) Saat yediye on var.
(b) Saat onbir buçuk.
(c) Saat ikiye çeyrek var.
(d) Saat onikiyi çeyrek geçiyor.

Exercise 5 (p. 79)

Ahmet Bey sabah saat altıdan önce kalkar. Altıdan altı buçuğa kadar yıkanır ve giyinir. Saat yedide kahvaltı eder. Yedi buçuktan sekize kadar gazetelere bakar. Saat sekizi çeyrek geçe evden çıkar, ve sekiz buçukta otobüse biner. Saat dokuza on kala ofise gelir ve saat dokuzda işe başlar.

Exercise 6 (p. 79)

(a) Saz eserleri akşam saat sekizde başlıyor.
(b) Dallas saat onbirde bitiyor.
(c) Kaptan Cousteau Saz eserlerinden sonra.
(d) Dizi filmden önce Kısa haberler var.
(e) Spor, Dizi film ile Saz eserleri arasında.
(f) Haberler akşam saat dokuzdan ona kadar sürüyor.
(g) Kapanıştan iki saat önce Haberler var.

Exercise 7 (p. 80)

(a) Aaa, hiç gelmez olurlarmı?
(b) Aaa, hiç otobüsle giderler mi?
(c) Aaa, hiç kahvaltı etmez olur mu?
(d) Aaa, hiç saat dokuzda kalkar mı?
(e) Aaa, hiç onu duymaz olur muyum?

Exercise 8 (p. 80)

(a) Saat dokuz buçuktan sonra kahvaltı var mı?
(b) Güle güle giy.
(c) Pasta buzdolabının içinde.
(d) Çok güzel, doğru.
(e) Ben hiç duymuyorum.

Ders 6

Exercise 1 (p. 83)

(a) Piyano çalmaya bayılırım.
(b) Kitap okumayı çok severim.
(c) Seyahat etmekten hoşlanırız.
(d) Parkta koşmaktan nefret ederler.
(e) Resim yapmaktan hiç hoşlanmam.
(f) Fotoğraf çekmekten çok zevk alırlar.

Exercise 4 (p. 85)

(a) Ablanın kocası kaç yaşında?
(b) Tatiliniz ne zaman başlıyor?
(c) Evleri nerede?
(d) Sabah işe nasıl gidiyorsun?
(e) Orkestra şefinin ismi ne?
(f) Bu güzel bisiklet kimin?

Exercise 5 (p. 86)

Nuri araba kullanmayı sever, bahçe işi yapmayı pek sevmez, mektup yazmaktan nefret eder.
Lale bahçe işi yapmayı sever, mektup yazmayı pek sevmez, araba kullanmaktan nefret eder.
Erol araba kullanmaya ve bahçe işi yapmaya bayılır ama

mektup yazmayı hiç sevmez.
Tuna mektup yazmayı sever, araba kullanmayı hiç sevmez, bahçe işi yapmaktan nefret eder.

Exercise 6 (p. 87)

(a) Doğru
(b) Doğru
(c) Yanlış
(d) Doğru
(e) Yanlış
(f) Yanlış

Ders 7

Exercise 1 (p. 94)

(a) Düz yürüyün. Hürriyet Bulvarı'nda karşıya geçin. Opera sağınızda.
(b) Düz yürüyün. Üçüncü sokaktan sağa sapın. Pazar yeri yolun ilerisinde, Mithat Paşa Caddesi'nden sonra, solunuzda.
(c) Cami Sokağından sağa sapın. İnönü Meydanı'ndan Serçe Sokağı'na geçin. Hakimiyet Bulvarı'nda sola dönün. Sağda ilk sokak İstasyon Caddesi'dir. Tren istasyonu bu caddede, solda.
(d) Düz yürüyün. Vatan Caddesi'nde sağa dönün. Petrol istasyonu Mithatpaşa Caddesi'nden sonra, solda ve köşede.
(e) Cumhuriyet Caddesi'nde düz yürüyün. Hürriyet Bulvarı'nda karşıya geçin. Burası Fatma Hanım Sokağı'dır. Gar, sokağın ilerisinde, sağda.
(f) Düz yürüyün. Trafik ışıklarında sağa dönün, sonra Mithat Paşa Caddesi'nde sola dönün. Banka yolun ilerisinde, sağ köşede.
(g) Düz yürüyün. Hürriyet Bulvarı'nda sağa dönün. Üniversiteden sonra, Hakimiyet Bulvarı'nda sola dönün. Hava alanı bu bulvarın sonunda.
(h) Düz yürüyün. Hürriyet Bulvarı'nda sağa dönün. Otobüs durağı, Hakimiyet Bulvarı'ndan sonra, solda.

Exercise 2 (p. 95)

(a) Yanlış
(b) Yanlış
(c) Doğru
(d) Doğru
(e) Doğru
(f) Doğru

Exercise 3 (p. 95)

(a) Daha yavaş
(b) Daha yavaş
(c) Daha hızlı
(d) Daha hızlı
(e) Daha hızlı
(f) Daha hızlı

Exercise 4 (p. 98)

Daha ucuz olur, gidiş-dönüş alalım mı?
Geç kalıyoruz, koşalım mı?
Tren rötarlı, bekleme salonunda oturalım mı?
Yanlış otobüsteyiz, ilk durakta inelim mi?
Erken varıyoruz, hazırlanalım mı?
Yaşlı adam ayakta kaldı, yerimizi verelim mi?

Exercise 5 (p. 98)

(a) Vapur iskelesinin bilet gişesi
(b) Uğrak yerinin tuvalet kapısı
(c) Seyahat acentasının sahibinin kızı
(d) Araba tamircisinin garajının önü

Exercise 6 (p. 99)

(a) Sanıyorum açık ama emin değilim.
(b) Buralarda eczane var mı?
(c) Bana iyi bir şampuan verir misiniz lütfen?
(d) Şurada bir koka-kola içelim mi?
(e) Ben futboldan pek hoşlanmam, sen git.
(f) Ankara tren istasyonuna kaçta varıyoruz?

Ders 8

Exercise 1 (p. 102)

(a) İlkbahardayız
(b) Mart ayındayız.
(c) Bugün ayın onsekizi.
(d) Bugün günlerden Pazartesi.
(e) Beş gün önce tarih 13 Mart Çarşamba 1991 idi.
(f) 2000 senesine dokuz sene kaldı.

Exercise 2 (p. 103)

(a) 4 (b) 1 (c) 2 (d) 5 (e) 3

Exercise 3 (p. 103)

(a) Hayır, artık hiç kararmıyor.
(b) Hayır, artık hiç titremiyor.
(c) Hayır, artık hiç olmuyor.
(d) Hayır, artık hiç bulanmıyor.
(e) Hayır, artık hiç yapmıyor.
(f) Hayır, artık hiç acımıyor.
(g) Hayır, artık hiç yapmıyor.

Exercise 4 (p. 105)

(a) Dişçi ameliyatı tavsiye etti.
(b) Dişçi ilacı tavsiye etti.
(c) Dişçi ilacı verdi.
(d) Hastabakıcı ilacı verdi.
(e) Hastabakıcı hap verdi.
(f) Doktor hap verdi.
(g) Doktor reçete verdi.
(h) Doktor gözlük verdi.
(i) Doktor gözlük tavsiye etti.
(j) Doktor dinlenme tavsiye etti.
(k) Doktor eczaneyi tavsiye etti.
(l) Operatör eczaneyi tavsiye etti.

Exercise 5 (p. 106)

(a) Aman sakın güneş altında fazla kalmasınlar.
(b) Aman sakın tuzlu yemek yemeyin.
(c) Aman sakın arabayı hızlı kullanmasın.
(d) Aman sakın açık denizde yüzmesinler.
(e) Aman sakın günde bir paket sigara içmeyin.
(f) Aman sakın çok rakı içmesin.

Exercise 6 (p. 109)

(a) Saunaya terlemek için gittik.
(b) Jimnastikten sonra karnım acıktı.
(c) Dışarıda oynayınca uykusu geldi.
(d) Çalıştım ama yorulmadım.
(e) Zayıflamak için perhiz mi yaptın?
(f) İyileşti. Ona çok sevindik.

Exercise 7 (p. 109)

Floransa'da
1851'den 1853'e kadar
Kaiserworth'da
1854'de
Harvey Street'de
hastahanede
1860'da
1860'dan sonra
1910'da

Exercise 8 (p. 110)

(a) beş saattir
(b) geçen akşamdan beri
(c) Ağustostan beri
(d) altı aydır
(e) Çarşambadan beri
(f) üç haftadır
(g) 1989'dan beri
(h) iki sabahtır

Exercise 9 (p. 110)

(a) Boğazım hâlâ ağrıyor. Ne tavsiye edersiniz?
(b) Neden içeride oturmuyorsunuz?
(c) Konser sekizde başlıyor. Aman sakın geç kalma.
(d) Topkapı'ya hiç gitmedim ama görmek isterim.
(e) Geçmiş olsun. Yardımcı olabilir miyim?

Ders 9

Exercise 2 (p. 115)

(a) Yeni Yıl kartınız için teşekkür eder, ben de sizin Yeni Yılınızı kutlarım.
(b) Doğum günü kartınıza teşekkür ederim.
(c) Bayram kartınıza teşekkür eder, ben de sizin Bayramınızı kutlarım.
(d) Geçmiş olsun kartınıza teşekkür ederim.
(e) Yıldönümü kartınıza teşekkür ederim.

Exercise 3 (p. 117)

(a) Margaret Thatcher büyüyünce politikacı oldu.
(b) Yehudi Menuhin büyüyünce orkestra şefi oldu.
(c) Shirley Temple büyüyünce diplomat oldu.
(d) Peter Sellers büyüyünce aktör oldu.
(e) Andre Gide büyüyünce yazar oldu.
(f) Rupert Murdoch büyüyünce gazeteci oldu.
(g) Yuri Gagarin büyüyünce astronot oldu.
(h) Isaac Newton büyüyünce fizikçi oldu.

Exercise 4 (p. 118)

(a) Fransızlar bile senin kadar lezzetli yemek yapmıyor.
(b) Julio Iglesias bile senin kadar iyi şarkı söylemiyor.
(c) Fred Astaire bile senin kadar güzel dans etmiyor.
(d) Arap şeyhleri bile senin kadar çok para harcamıyor.
(e) Tavşan bile senin kadar hızlı koşmuyor.
(f) Muhammed Ali bile senin kadar mütevazi konuşmuyor!

Exercise 5 (p. 119)

(a) Mayısta.
(b) 14 gün.
(c) Otel Akkent.
(d) Otel Mutlu.
(e) Otel Seketur.
(f) Otel Aytur.
(g) Mayısta, Otel Aytur'da.
(h) Ağustosta.

Exercise 6 (p. 120)

(a) Biraz daha yavaş gider misiniz lütfen?
(b) Saat onda yatmanız lâzım.
(c) Kutudaki bütün elmaları almak istiyorum.
(d) Yazın nereye gitmeyi planlıyorsun?
(e) Telefon bozuk mu?

Ders 10

Exercise 1 (p. 122)

(a) Yanlış (b) Doğru (c) Doğru (d) Yanlış (e) Yanlış

Exercise 2 (p. 122)

(a) Yılbaşında ne alacaksın(ız), karar verdin(iz) mi?
(b) Partide ne giyeceksin(iz), karar verdin(iz) mi?
(c) Yazın nereye gideceksin(iz), karar verdin(iz) mi?
(d) Doğum günün(üz)de kimi çağıracaksın(ız), karar verdin(iz) mi?
(e) Büyüyünce ne olacak, karar verdi mı?

Exercise 3 (p. 124)

(a) 4 (b) 5 (c) 6 (d) 1 (e) 3 (f) 2

Exercise 5 (p. 127)

(a) Maalesef gelemem. Türkçe dersine gidiyorum. Özür dilerim.
(b) Maalesef gelemem. Turistik geziye gidiyorum. Özür dilerim.
(c) Maalesef gelemem. Konsere gidiyorum. Özür dilerim.
(d) Memnuniyetle gelirim. Teşekkür ederim.

Exercise 6 (p. 128)

(a) 2 (b) 2 (c) 3 (d) 1 (e) 3 (f) 1 (g) 3 (h) 1

Ders 11

Exercise 1 (p. 132)

(a) Cinderella
(b) Alice in Wonderland
(c) Sleeping Beauty
(d) Little Red Riding Hood
(e) Pinocchio
(f) Rumpelstiltskin

Exercise 2 (p. 132)

(a) Hayır, diktirdim.
(b) Hayır, yıkattım.
(c) Hayır, yaptırdım.
(d) Hayır, yazdırdım.
(e) Hayır, temizlettim.
(f) Hayır, taşıttım.
(g) Hayır, açtırdım.

Exercise 3 (p. 135)

(a) Bilgisayar okumak istiyordu ama Sosyoloji okudu.
(b) İstanbul'da askerlik yapmak istiyordu ama Kars'ta askerlik yaptı.
(c) Özel sektörde çalışmak istiyordu ama devlet memuru oldu.
(d) Zengin bir kızla evlenmek istiyordu ama komşunun kızıyla evlendi.
(e) Çocuklarını özel okula göndermek istiyordu ama çocukları okumadılar.
(f) Erken emekli olmak istiyordu ama altmışbeş yaşına kadar çalıştı.
(g) Emekli olunca Avrupa'ya gitmek istiyordu ama o sene öldü.

Exercise 4 (p. 135)

(a) Eskiden vidyo seyrederdim.
(b) Eskiden yemekte şarap içerdim.
(c) Eskiden ayda bir anneme telefon ederdim.
(d) Eskiden Gırgır mecmuası okurdum.
(e) Eskiden bol bol kızarmış patates yerdim.
(f) Eskiden bisiklete binerdim.
(g) Eskiden günde kırkbeş dakika yüzerdim.
(h) Eskiden kırmızı rengi severdim.

Exercise 5 (p. 136)

(a) Pazartesi akşamı yeni evimin bahçesinde parti yapıyorum. Eşinle beraber buyrun.
(b) Ben yokken kediye yemek vermeyi unutmazsın değil mi?
(c) Dişçiyi görmek için çok beklemem lazım mı?
(d) Saçımı çok kısa kestirmek istiyorum.
(e) Altı kişilik bir masa için rezervasyon yaptırmak istiyorum. Ama orkestranın yanında olmasın.

Ders 12

Exercise 1 (p. 139)

(a) Kapıyı açabilir misiniz lütfen?
(b) Ali ile konuşabilir miyim lütfen?
(c) Müdürü görebilir miyim lütfen?
(d) Tuzu geçirebilir misiniz lütfen?
(e) Bana 836144'ü bağlıyabilir misiniz lütfen?
(f) Bana Ayşe'nin adresini verebilir misiniz lütfen?

Exercise 2 (p. 141)

(a) 3 (b) 3 (c) 1 (d) 1 (e) 2 (f) 3

Exercise 3 (p. 142)

(a) Evet, kalkarım.
Or Hayır, kalkmam.
(b) Giyindikten sonra kahvaltı ederim.
Or Giyinmeden önce kahvaltı ederim.
(c) Yattıktan sonra ışığı kapatırım.
Or Yatmadan önce ışığı kapatırım.
(d) Evet, öderim.
Or Hayır, ödemem.
(e) Kapatmadan önce adresi yazarım.
Or kapattıktan sonra adresi yazarım.
(f) Evet, çıkarırım.
Or Hayır, çıkarmam.
(g) Girdikten sonra bakarım.
Or Girmeden önce bakarım.

(h) Evden çıkmadan önce okurum.
Or Eve döndükten sonra okurum.

Exercise 5 (p. 145)

When I was in İstanbul, I wanted to have some visiting cards printed. 'There is no place other than Hürriyet Matbaası for this job,' people said. I set off to go to the printing house. I wandered around for a considerable period of time until I found the right address. I reached the printing house only after darkness had fallen. As soon as I knocked on the door, an old man looked out of a window. 'You should have asked for an appointment before coming here. We are closed now,' he said and disappeared.

Ders 13

Exercise 1 (p. 148)

(a) Su içen adam
(b) Trene binen annem
(c) Hediye veren arkadaşım
(d) Kırılan bardak
(e) Lokantada gördüğüm adam
(f) Aldığımız elbise
(g) Göndereceğim mektup
(h) Seyrettiğimiz film

Exercise 2 (p. 148)

(a) The man you are talking to
(b) The bus which is going
(c) The book which you wanted
(d) The apples which (she) bought
(e) Burada oturan müdür
(f) Sevdiğim şehir
(g) Gülen polis
(h) Jack'in yaptığı ev

Exercise 3 (p. 148)

(a) saat
(b) fincan
(c) ayna
(d) palto
(e) zarf
(f) gazete
(g) lamba
(h) koltuk

Exercise 5 (p. 151)

(a) Kızlar askerlik yapsa askerlik daha ilginç olur.
(b) En yakın arkadaşım doğum günümü unutsa üzülürüm.
(c) Bütün sene her gün yağmur yağsa dünya daha yeşil olur.
(d) Yabancı bir memlekette pasaportumu kaybetsem sefarete giderim.
(e) Dünyaya Marslılar gelse bize 'Colloquial Marsian' kitabı lazım olur.

Exercise 6 (p. 154)

The new car that Hasan bought is very nice. It is the 1991 model. It has four doors. It is green. The seats are large and comfortable, and upholstered in yellow leather. There is a flashing light on the dashboard in the front to warn you if you are low on petrol. There are safety belts even for children sitting in the rear. If parents lock the front doors, it is impossible to open the ones at the back. It is an ideal family car.

Exercise 7 (p. 155)

(a) Eğer Dr. Ahmet Gezer'i tanımıyorsan, tanıştırayım.
(b) Acaba ekmek bıçağınızı bir kaç dakika için alabilir miyim?
(c) 'Parkta banka kartımı kaybettim. Getirene 50,000 TL verilecektir.'
(d) İçeride kimse var mı?
(e) Köşedeki İş Bankası binasını biliyor musunuz? Benim otelim onun karşısında.

Ders 14

Exercise 1 (p. 158)

(a) Bu sene kış soğuk olacakmış.
(b) Güneş yağı bulamamış.
(c) Yağmur Ormanlarını mahfediyorlarmış.
(d) Hayvanları Koruma Derneğinin üyesiymiş.
(e) İklim kıyılarda nemli içerilerde kuruymuş.
(f) Ağrı Dağı'nda Nuh'un gemisini arıyorlarmış.

Exercise 2 (p. 162)

Türkiye'nin güney-batısında, Köyceğiz yakınlarında, Dalyan isimli bir yer varmış. Yaz geceleri deniz kaplumbağaları oraya gelip, kuma yumurtalarını bırakırlarmış. Sonra, aynı gece denize dönerlermiş. Zamanı gelince, bebek kaplumbağalar yumurtadan çıkar, hemen denize koşar ve yüzerek giderlermiş.Küçük kaplumbağalar Akdeniz'de yollarını ay ışığının yardımıyla bulurlarmış.

Exercise 3 (p. 162)

(a) Meğerse sekiz bacağı varmış.
(b) Meğerse Canberra imiş.
(c) Meğerse sadece kışın olurmuş.
(d) Meğerse Portekizce konuşulurmuş.
(e) Meğerse Türkiye imiş.
(f) Meğerse 22 Aralıkta olurmuş.

Ders 15

Exercise 1 (p. 165)

İngilizce hem konuşabiliyor, hem duyduğunu anlayabiliyor, hem okuyabiliyor, hem de yazabiliyor.
Almanca hem konuşabiliyor, hem de duyduğunu anlayabiliyor ama ne okuyabiliyor, ne de yazabiliyor.
İspanyolca ne konuşabiliyor, ne de duyduğunu anlayabiliyor ama hem okuyabiliyor, hem de yazabiliyor.
İtalyanca hem duyduğunu anlayabiliyor, hem de okuyabiliyor ama ne konuşabiliyor, ne de yazabiliyor.

Overall Comprehension Test (p. 168)

(a) 1 (b) 2 (c) 3 (d) 3 (e) 3 (f) 1 (g) 3 (h) 1

Turkish–English Glossary

Note: Turkish alphabetical order differs slightly from that of English because of the letters **ç, ğ, ı, ö, ş** and **ü**, which take their places as separate letters. The order in Turkish is as follows: **ç** follows **c**, **ğ** follows **g**, **i** follows **ı**, **ö** follows **o**, **ş** follows **s** and **ü** follows **u**.

Most words of more than one syllable are stressed on the final syllable, but there are many exceptions to this generally accepted rule. Therefore, throughout these lists, we will show stressed syllables of words which have their final syllables unstressed in capital letters. Otherwise, please assume that the stress is on the last syllable.

Long vowels are known by use of italic.

ABla	older sister
abone	subscription
Acaba	'I wonder'
ac*a*yip	strange
acele	hurried
acı	bitter; pain
acımak	to hurt
açık	open; light (*colour*)
açmak	to open
ad	name
ada	island
adam	man
adres	address
***A*ferin**	'Well done!'
AFfedersin(iz)	'I'm sorry'
***a*fiYET olsun**	*response to* 'Ellerinize sağlık'
ağabey	older brother
ağaç	tree
ağır	heavy
ağız	mouth
ağlamak	to cry
ağrı	pain
ağrımak	to have a pain
Ağustos	August
ahmak	stupid
aile	family
AKciğer	lung
Akdeniz	Mediterranean
akıl	intelligence
akıllı	clever
akılsız	stupid
akraba	family relative
aksi	adverse
aksine	contrary to
akşam	night; evening

akşamüzeri early evening
aktör actor
alaFRANga western-style
alaTURka Turkish-style
alçak low
alerji allergy
alın forehead
allahallah 'Good Lord!'
allaHAısmarladık 'Good-bye'
almak to buy; take; receive
Alman German
AlMANca German (*language*)
AlMANya Germany
alt under
altı six
altmış sixty
Ama but
aman oh!
ambülans ambulance
AMca uncle (*from father's side*)
ameliyat operation
Amerika America
AmeRİkalı, Amerikan American
an second
aNAyol main street
Anadolu Anatolia
anahtar key
anahtarlık key-holder
anlam meaning
anlamak to understand
anlaşılan apparently
ANne mother
anneanne grandmother (*from mother's side*)
antibiyotik antibiotics
antipatik unsociable
apartman small size block of flats
ara in between
araba car
araba kullanmak to drive a car
Aralık December
aramak to look for
Arap Arab
Arapça Arabic (*language*)
araştırmak to make enquiries
arı bee
arıza telephone operator for defects
arka back
arkadaş friend
artık any longer
artist actress
artmak to increase
arZU etmek to wish
asansör lift
asık suratlı grumpy
asker soldier
askerlik military service
aslan lion
aslen originally
astronot astronaut
aşağı below
aşı inoculation
aşk love
at horse
ateş fire; temperature
atmak to throw
AvRUpa Europe
avukat solicitor
AvusTRAlya Australia
AvusTRAlyalı Australian
ay month; moon
ayak foot
ayak bileği ankle
ayak parmağı toe
ayakkabı shoe
ayakta kalmak to be left unseated
ayıp shameful
ayna mirror
aynı same
az little

baba	father
baBAanne	grandmother (*from father's side*)
bacak	leg
bağışlayın	'I'm sorry'
bağlamak	to tie
bahçe	garden
bahşiş	tip
bakkal	grocer; grocer's shop
bakla	broad beans
baklava	sweet made of pastry and ground nuts
bakmak	to look, look after
bal	honey
bale	ballet
balerin	ballerina
balık	fish
balkon	balcony
bana	to me
bana göre hava hoş	'I don't mind'
BANka	bank
banker	banker
BANyo	bathroom
bar	bar
barBUNya	beans
bardak	glass
bari	at least
barut	gunpowder
basketbol	basketball
basmak	to step on
bastırmak	to have something printed
baş	head
başarı	success
başı ağrımak	to have a headache
başka	other
BAŞkent	capital city
başlamak	to start
BAŞüstüne	'Yes, Sir'
BAŞvurmak	to apply
batı	west
batmak	to go into; sink
battaniye	blanket
bavul	suitcase
bay	Mister
bayan	Miss/Mrs./Ms.
bayılmak	to adore
Bayram	Muslim festive period
B*A*zen	sometimes
B*A*zı	some
bebek	baby
bekar	single
bekleme salonu	waiting-room
beklemek	to wait
bel	waist
Belçika	Belgium
Belçikalı	Belgian
BELki	perhaps
ben	I
BENce	'In my opinion'
benim	my
benzin	petrol
ber*a*ber	together with
beri	since
beş	five
bey	Mister
beyaz	white
beyefendi	sir
beyin	brain
bıçak	knife
bırakmak	to leave
biber dolması	stuffed green peppers
biçim	shape
biçmek	to mow
bildirmek	to inform
bile	even
bilek	wrist
bilet	ticket
bilezik	bracelet
bilgisayar	computer
bilmek	to know
bin	thousand
bin*a*	building
binmek	to board
bir	one
bir hayli	a lot

bir türlü	at all (*with negative constructions*)
Bİra	beer
BIraz	a little
birden	suddenly
birinci	first
birisi	someone
birkaç	a few
bisiklet	bicycle
bitirmek	to finish something
bitki	plant
bitmek	to finish
biz	we
bizim	our
blok	one of several blocks of flats
bl*u*cin	bluejeans
bluz	blouse; jersey
boğaz	throat
bol bol	in abundance
BONfile	fillet steak
borç vermek	to lend
BORsa	stock-market
boş	empty
boşaltmak	to empty
boy	height
boyun	neck
bozuk	out-of-action; small change
bozulmak	to break (*machinery*)
bölge	region
börek	Turkish pastry
böyle	thus
BRAvo	'Well done!'
briç	bridge (*game*)
bu	this
bu şekilde	in this way
buçuk	half (*in telling the time*)
BUgün	today
buğday	wheat
buket	bouquet
bulaşık	washing-up
bulmak	to find
bulut	cloud
bulvar	avenue
bunlar	these
burada	here
burç	horoscope
burun	nose
buy(u)run	*expression used in offering someone something*
buz	ice
BUZdolabı	fridge
BÜfe	sideboard
BÜSbütün	completely
bütün	all
büyük	big, large
Bükük Britanya	Great Britain
büyümek	to grow; grow older
cacık	yoghurt with cucumbers
cadde	street
cam	glass
c*a*mi	mosque
can	soul
caz	jazz
cep	pocket
ceket	jacket
cemiyet	society
cep	pocket
cesur	courageous
cetvel	ruler
cevap	answer
cidD*İ* mi	'Is that so?'
cins	kind
cinsiyet	sex
civciv	chick
Cum*a*	Friday
CuMARtesi	Saturday
cumh*u*riyet	republic
cüzdan	purse
çabuk	quick
çadır	tent
çağırmak	to call

çakıl taşı	pebble	**çorba**	soup
çakmak	lighter	**çöl**	desert
çalılık	bush	**çöpü dökmek**	to empty the rubbish
çalışma odası	study	**çukoLAta**	chocolate
çalışmak	to work	**ÇÜnkü**	because
çalmak	to play; knock	**çürük**	weak
çamaşır yıkamak	to wash the clothes and linen	**dağ**	mountain
çamur	mud	**dağılmak**	to be scattered
ÇANta	bag	**dağınık**	messy
çarşaf	sheet	**daha**	more
Çarşamba	Wednesday	**daha doğrusu**	more precisely
çatal	fork	**daimi**	continuous
çatı	roof	**daire**	flat; circle
çay	tea	**dakika**	minute
çayır	meadow	**daktilo yazmak**	to type
ÇEK	cheque	**dal**	branch (*of tree*)
çek defteri	cheque book	**dalgalı**	wavy
çekmek	to pull	**damla**	drop
çene	chin	**danışma bürosu**	enquiries office
çengelli iğne	safety-pin	**dans etmek**	to dance
çeşit	type	**dar**	narrow
çevirmek	to turn	**darısı başına**	'May you follow suit'
çeyrek	quarter	**davet**	invitation
çıkarmak	to take off	**davet etmek**	to invite
çıkış	exit	**davul**	drum
çıkmak	to go out	**dayı**	uncle (*from mother's side*)
çiçek	flower	**dede**	grandfather
çift	double	**defter**	notebook
çiftçi	farmer	**değil**	not (*in non-verbal sentences*)
çiftlik	farm	**değişik**	different
çim	lawn; grass	**değiştirmek**	to change
ÇIN	China	**demek**	to say; so
Çince	Chinese (*language*)	**demet**	bunch
Çinli	Chinese	**denemek**	to try
çirkin	ugly	**deniz**	sea
çizme	boot	**deniz motoru**	motor-boat
çocuk	child	**depo**	depot
çocuk odası	children's room	**derece**	degree
çoğunlukla	mostly	**deri**	leather
çok	many; very		
çoktan	long since		
çoLUk çocuk	family including children		
çorap	sock; stocking		

derin	deep
derken efendim	*gap-filler in speech*
dernek	society, association
ders	lesson
desenli	patterned
detektif	detective
devamlı	continuous
devlet	state
dış	out
dışarı	outside
diğer	other
dikdörtgen	rectangular; rectangle
dikkat	attention
dikkatli	attentive; careful
dikmek	to sew
dikte etmek	to dictate
dil	tongue; language
dinlemek	to listen to
dinlenmek	to rest
diplomat	diplomat
dirsek	elbow
DISko	disco
diş	tooth
diş fırçası	toothbrush
diş macunu	toothpaste
dişçi	dentist
diz	knee
dizi	serial
doğmak	to be born
doğru	correct
doğu	east
doğum	birth
doğum günü	birthday
doksan	ninety
doktor	doctor
dokuz	nine
dolap	cupboard
dolaşmak	to wander around
dolayı	because of
dolmakalem	pen
dolu	full
domuz	pig
dondurma	ice-cream
dost	friend
dönmek	to go back; turn
dört	four
döviz	foreign currency
dudak	lip
dul	widowed; divorced
durmak	to stop
durum	situation
duş	shower
duvar	wall
duymak	to feel; hear
düğün	marriage ceremony
dükkan	shop
dün	yesterday
dünya	world, earth
düşes	duchess
düşmek	to fall
düşünce	thought
düşünmek	to think
düz	plain; straight
eczacı	pharmacist
eczane	pharmacy
eFENdim	*polite form of address*
efendime söyliyeyim	*gap-filler in speech*
Ege	Aegean
Eğer	if
ehliyet	driver's licence
Ekim	October
eklemek	to add
ekmek	to sow; bread
el	hand
elbise	dress; suit
eldiven	glove
elektrik	electricity
ellerine sağlık	*used in appreciation of food etc.*
elli	fifty
elma	apple
emekli	retired
emin	confident; sure

emir	order
emniyet	safety
en	most
enfes	delicious
enflasyon	inflation
enginar	artichoke
enişte	sister's husband
enteresan	interesting
Epeyi	a lot
erkek	male
erkek kardeş	brother
erken	early
esas	real
eser	work of art
eski	old; worn-out
eskiden	in the past
eskitmek	to wear out
esmer	dark (*hair or complexion*)
esTAĞfurullah	not at all (*response to an appreciative remark*)
eş	spouse
eşarp	scarf
eşek	donkey
eşya	furniture
et	meat
etek	skirt
etmek	to do, to make
etraf	surroundings
EV	house
EV kadını	housewife
ev ödevi	homework
evet	yes
evlat edinmek	to adopt a child
evlenmek	to get married
evli	married
evvel	ago
Eylül	September
EYvallah	'Good-bye'
fabRIka	factory
fakir	poor
falan	etc.
fare	mouse
farketmez	'It doesn't matter'
faSUlya	beans
faTUra	invoice
fayda	use
faydalanmak	to make use of
fayton	phaeton (horse-drawn carriage)
fazla	more; much
fena	bad
ferah	spacious
fermuar	zip
FErsah	3+ miles
fesüphanallah	'For goodness sake!'
FEVkalade	perfect
fırça	brush
fırın	oven
fırında	cooked in the oven
fırsat	chance
fikir	opinion
fil	elephant
filan	etc.
film	film
fincan	cup
fiyat	price
fizikçi	physicist
fotoğraf çekmek	to take a photograph
FRANsa	France
FRANsız	French
Fransızca	French (*language*)
futbol	football
galeri	gallery
galiba	'I gather'; probably
gar	railway station (*main one*)
garaj	garage
garanti	for sure
gardrop	wardrobe
garson	waiter
GAyet tabii	of course

gaz	gas; wind (*in the stomach*)
gaZEte	newspaper
gaZEteci	journalist
gazino	outdoor café
gazoz	sweetened carbonated water
gece	night
geçikme	delay
geç	late
geç kalmak	to be late
geçen	last
geçirmek	to see someone off
geçmek	to pass
geçmiş olsun	*expression of sympathy*
gelecek	next
gelmek	to come
genç	young
gene	again
gene de	still
geniş	spacious; wide
gerek	necessity
gerekmek	to be necessary
getirmek	to bring
gezegen	planet
gezi	excursion
gezmek	to stroll
gibi	like
gibi(sine) gelmek	to seem
gidiş-dönüş	return (ticket)
giriş	entrance
girmek	to enter
GIşe	box office
gitmek	to go
giyinmek	to get dressed
giymek	to wear
gol atmak	to score a goal
göğüs	chest
gök	sky
göl	lake
gömlek	shirt
göndermek	to send
göre	according to
görmek	to see
görünmek	to seem
görüşmek	to talk to someone
görüşmek üzere	'Until we meet again'
göstermek	to show
götürmek	to take to
göz	eye
gözlük	glasses
gözünü seveyim	please (*colloquial*)
gözünüz aydın	'Congratulations'
grev	strike
gri	grey
gurup	group
güç	difficult
gül	rose
güLE güLE	*response to* 'Allahaısmarladık'
güLEryüzlü	cheerful
gülmek	to laugh
gülücük	smile
gülümsemek	to smile
gümRÜK memuru	customs officer
gümüş	silver
gün	day
günaydın	'Good morning'
güneş	sun
güneşli	sunny
güney	south
gür	thick
gürültülü	noisy
güzel	beautiful
haber	news
hafif	light
hafta	week
haKIkaten	truly
hakim	judge
haklı	right
hâl	situation
HAla	aunt (*from father's side*)
hâlâ	still
HALde	although
halı	carpet

hamal	porter
hamam	Turkish bath
hamburger	hamburger
HAngi	which
hanım	Miss/Mrs./Ms.
hanımeFENdi	madam
HAni	'Well, you know'
hap	pill
harami	thief (*archaic*)
harcamak	to spend
haRIta	map
hasır	straw
hasta	ill
hastabakıcı	nurse (*trained*)
hastaHAne	hospital
hastalanmak	to be taken ill
hatırlamak	to remember
hava	weather
hava alanı	airport
havasız	stuffy
havlu	towel
havuz	pool
hay allah	*expression to show displeasure*
hayalet	ghost
hayat	life
HAYdi	'Come on'
hayır	no
HAYli	considerably
hayvan	animal
hayvaNAT bahçesi	zoo
hazır	ready
hazırlanmak	to get ready
Hazıran	June
hediye	present
helikopter	helicopter
hem	even
hem . . . hem (de)	both . . . and
HEmen	immediately
hemşire	nurse (*auxiliary*)
HEnüz	just; yet
hep	always
HEpsi	all
her	every
hergün	every day
HErhalde	probably
herşey	everything
hesap	restaurant bill
hesaplamak	to calculate
hızlı	fast
hiç	none
hikaye	story
Hindistan	India
HINTçe	Hindi
HINTli	Indian
hisse	share
hizmet	service
hizmetçi	maid
hobi	hobby
hostes	hostess
hoş	fine
HOŞ bulduk	*response to* 'Hoş geldiniz'
hoş geldiniz	*expression used in welcoming visitors*
HOŞçakalın	'Good-bye'
hoşlanmak	to enjoy
huysuz	difficult (*character*)
hükümsüz	invalid

ılık	mild
Irak	Iraq
Iraklı	Iraqi
ısı	temperature
ısmarlamak	to order
ışık	light
ızGAra	grilled

icat etmek	to discover
iç	in
iç çamaşırı	underwear
içeri	inside
içerisi	inside
için	for
içki	drink
içmek	to drink; to smoke (cigarettes)

ideal	ideal
iğne	pin
iğne olmak	to have an injection
ihtiyar	old (person)
iken	while; when
iki	two
ikinci	second
iklim	climate
ilaç	medicine
ilaVE etmek	to add
ile	with
ileri	further
ilerletmek	to improve
iletmek	to pass on
ilgili	concerning
ilginç	interesting
ilk	first
ilk okul	primary school
ilkbahar	spring
imdat yeleği	life-jacket
imtihan	examination
imza	signature
indirim	reduction
inek	cow
İNgiliz	English
İNgilIZce	English (*lang.*)
İNgilTEre	England
inmek	to get off
INşallah	God willing
ipek	silk
ise	if
ishal	diarrhoea
isim	name
isKEle	pier
isKEMle	chair
İsPANya	Spain
İspanyol	Spanish
IspanYOLca	Spanish (*language*)
israr etmek	to insist
istasyon	station
istemek	to want
iş	business
işçi	worker
işte	there
İTALya	Italy
İtalyan	Italian
ItalYANca	Italian (*language*)
itfaiye	fire-brigade
itmek	to push
iyi	well; good
iyi huylu	good-natured
iyileşmek	to recover
iyilik	state of being well
iyimser	optimist
janDARma	gendarme
Japon	Japanese
JaPONca	Japanese (*language*)
JaPONya	Japan
jeton	telephone token
jimnastik	exercise
kaba	rude
kabak	courgette
kabızlık	constipation
kabul	acceptance
kaBUL etmek	to accept
kaç	how many
kaçırmak	to miss
kadar	as . . . as; until
kadın	woman
kağıt	paper
kahvaltı	breakfast
kahve	coffee
kahvehane	coffee-house
kahverengi	brown
kala	= **var** in expressions of time
kalça	hip
kaldırmak	to put away
kalem	pencil
kalite	quality
kalkmak	to get up; leave; set out on a journey
kalmak	to stay; be left
kalmamak	to run out of
kalorifer	central heating

kalp	heart
kalp krizi	heart attack
kamelya	camellia
kamyon	truck
kan	blood
Kanada	Canada
Kanadalı	Canadian
kanal	channel
kanamak	to bleed
kanat	wing
kaNEpe	settee
kanser	cancer
kapamak	to close
kapanış	state of being closed
kapı	door
kapıcı	doorman
kapLUMbağa	turtle
kar	snow
kar yağmak	to snow
karaciğer	liver
Karadeniz	Black Sea
karakol	police-station
karanfil	carnation
karanlık	darkness
karar	decision
kararmak	to become black
kardeş	sibling
kare	square
karı	wife
karides	prawn
karnı acıkmak	to be hungry
karpuz	watermelon
karşı	opposite
karşılaşmak	to come across
kart	card
kartpostal	postcard
kartvizit	visiting-card
kas	muscle
kasap	butcher('s shop)
Kasım	November
kaş	eyebrow
kaşık	spoon
kat	floor
kaTIyen	by no means
kavalcı	piper
kavun	melon
kavuşmak	to meet again; something one loves
kaya	rock
kaybetmek	to lose
kaybolmak	to be lost; disappear
kayip	lost
kayıt	register; registration
kaza	accident
kazak	jumper
kazanmak	to win
kebap	kebab
kedi	cat
kek	cake
kelime	word
kemer	belt
kenar	edge
kendi	self
kepek	dandruff
kesmek	to cut
kırılmak	to be broken
kırk	forty
kırmak	to break
kırmızı	red
kısa	short
kısım	part
kış	winter
kışlık	wintery things
kıvırcık	curly
kıyafet	clothing
kıyı	shore
kız	daughter; girl
KIZkardeş	sister
kızartmak	to fry
kızgın	angry
kibrit	match
kiler	pantry
kiLIse	church
kilit	lock
kilitlemek	to lock
Kİlo	kilogram
kim	who
kimin	whose
kimlik kartı	identity card
KİMse	anybody
kir	dirt

kiralamak to rent
kiralık for rent
kirli dirty
kişi person
kitap book
kitapçı bookstore; bookseller
kitaplık bookcase
klasik classical
koca husband
kokteyl cocktail
koku smell
kol arm
kolay easy
koleksiyon collection
koLONya eau-de-cologne
koltuk armchair
KOLye necklace
komik funny
komPOSto stewed fruit
komşu neighbour
konser concert
konuşkan talkative
konuşma conversation
konuşmak to speak
koridor corridor
korkmak to fear
korku fear
koruma protection
koşmak to run
KOVboy filmi western (film)
koymak to put
koYU renkli dark-coloured
koyun sheep
köfte meatballs
kömür coal
köpek dog
köprü bridge
kör blind
körfez bay
köşe corner
kötümser pessimist
köy village
kravat tie
kreDİ kartı credit card
krem cream
kulak ear
kullanmak to use
kulüp club
kum sand
kumar gamble
kumaş fabric; material
kumral chestnut
kurbağa frog
kurmak to set up
kurs course
kuru dry
kuruş coin
kusuRA bakmayın 'I'm sorry'
kuş bird
kutlamak to congratulate
kutlu merry
kutu box
kutup pole
kuyruk queue
kuzen cousin
kuzey north
kuzu lamb
küçük little; small
kültürlü educated
kültürsüz uneducated
küp cube
küpe earring
kütüphaneci librarian
küvet bathtub

laboratuvar laboratory
laFI mı olur 'Don't mention it'
lâle tulip
lâmba lamp
lAvabo wash-basin
lavanta lavender
lâzım necessary
levrek sea-bass
lezzetli tasty
limon lemon
limOnata lemonade
LIra Turkish currency
lisan language
lise secondary school
litre litre
lobi lobby

loKANta	restaurant
lokum	Turkish delight
lügat	dictionary
LÜTfen	please
MAAlesef	unfortunately
maaş	salary
maç	match
mahvetmek	to destroy
makarna	pasta
makina	machine
mal	goods
manav	greengrocer('s shop)
Marslı	Martians
Mart	March
MAsa	table
masal	fairy tale
MAşallah	'May God protect from the evil eye'
matbaa	printing-house
mavi	blue
maydanoz	parsley
Mayıs	May
maymun	monkey
mayonez	mayonnaise
mecmua	magazine
medeNI hal	marital status
meğerse	apparently
mektup	letter
melhem	ointment
memleket	country
memnun	content
memNUN olmak	to be pleased
memnuniyetle	with pleasure
memur	clerk
mendil	handkerchief
meRAK etmek	to worry
merdiven	stairs
MERhaba	hello
merhamet	pity
merkep	mule
mersi	'Thank you'
mesaj	message
mesela	for example
meseLE yok	no problem
meslek	profession
MEsut	happy
meşgul	busy, engaged
meşhur	famous
metal	metal
metod	method
METre	metre
mevki	class (*of transportation*)
mevsim	season
meydan	square (*in city*)
meyVA	fruit
meyva suyu	fruit juice
meZE	starter (*in meal*)
mezun	graduate
miğde	stomach
miğdeSI bulanmak	to get nausea
milyon	million
mimar	architect
misaFIR odası	reception room
misafirperver	hospitable
modacı	fashion designer
model	model
mor	purple
motor	engine
motosiklet	motor cycle
muayene	check-up
muhakkak	definitely
muhasebe	accounts office
muhasebeci	accountant
musluk	tap
muŞAMba	vinyl
mutfak	kitchen
mutlu	happy
mutluluk	happiness
müdür	manager; director
mühendis	engineer
mühim	important
mümkün	possible
müracaat	application
mürekkep	ink
müsaade	permission

müstaKİL ev	detached house
mütevazi	modest
MÜze	museum
müzik	music
müzisyen	musician
NAdiren	rarely
nane	mint
NAsıl	how
nazik	polite
ne	what
ne ... ne (de)	neither ... nor
NE derler adına	*gap-filler in speech*
neden	why
nefRET etmek	to hate
nehir	river
nemli	humid
NErede	where
nereden	where (from)
neresi	where
neşeli	joyful
NIce senelere	'Many happy returns'
nihayet	at last
Nisan	April
nişanlı	engaged
niyet	intention
Noel	Christmas
not	note
NUmara	number
nüfus	population
nüFUS cüzdanı	birth certificate
nüve	nucleus
o	he; she; it; that
Ocak	January
ocak	cooker
oda	room
ofis	office
oğlan	boy
oğul	son
okul	school
okumak	to read
olmak	to be; become
olur	O.K.
olur biter	'Thus we'll solve the problem'
omuz	shoulder
on	ten
onDAN sonracığıma	*gap-filler in speech*
onlar	they; those
onlarin	their
onun	his/her
opera	opera
operatör	surgeon
orada	therae
orkestra	orchestra
orman	forest
orta	middle
otel	hotel
otoBÜS durağı	bus-stop
otomobil	car
oto-stop yapmak	to hitch-hike
oturMA odası	sitting-room
oturmak	to live; sit
otuz	thirty
ova	plain
oynamak	to play
oyun	play
ödemek	to pay
ödül	prize
öDÜNÇ almak	to borrow
öğle	noon
öğrenci	student
öğrenmek	to learn
öğretmen	teacher
öksürük	cough
ölmek	to die
ömür	life
ön	front
önce	before
önemli	important
öp	kiss
öpmek	to kiss
örtü	cloth
örümcek	spider
öyLE	thus

öyle mi	'Is that so?'
özel	private
pabuç	shoe
pahalı	expensive
paket	parcel
PALto	coat
pantolon	trousers
para	money
pardon	excuse me
parlamak	to shine
parmak	finger
parti	party
pasaport	passport
pasta	cake
pastahane	cake shop
paTAtes	potatoes
patlıcan	aubergine
patron	boss
Pazar	Sunday
pazar yeri	market-place
Pazartesi	Monday
peçete	napkin
pek	quite a lot; considerably
PEKala	very well then
pekiyi	OK, very well
PENcere	window
penguen	penguin
perdeler	curtains
perhiz	diet
peron	platform
Perşembe	Thursday
peynir	cheese
pilot	pilot
piramit	pyramid
piyanist	pianist
plaj	beach
planlamak	to plan
plastik	plastic
polis	policeman
poliTIkacı	politician
POMpa	pump
porselen	china
portakal	orange
Portekiz	Portugal
PorteKIZce	Portuguese (*language*)
Portekizli	Portuguese
portre	portrait
POStacı	postman
postahane	post-office
pratik	practical
prenses	princess
problem	problem
profesör	professor
program	programme
pul	stamp
RADyo	radio
raf	shelf
rahat	comfortable
rahatsız	uncomfortable
rahatsizlık	state of being uncomfortable
rakı	Turkish drink made of aniseed
randevu	appointment
rapor	report
rastlamak	to bump into
reÇEte	prescription
rejisör	film director
renk	colour
renksiz	colourless
resepsiyon	reception
resim	picture
ressam	painter
restoran	restaurant
reZERvasyon	reservation
riCA ederim	*response to remarks of appreciation*
riCA etmek	to beg for something
roman	novel
röntGEN çektirmek	to have an X-ray taken
rötarlı	delayed
ruj	lipstick
RUMca	Greek (*language*)
Rus	Russian
RUSça	Russian (*language*)
RUSya	Russia

rüzgar	wind
saat	clock; watch; hour
sAT kaç	'What time is it?'
sabah	morning
sabretmek	to endure
sabun	soap
saç	hair
SAÇ fırçası	hairbrush
sade	plain
sadece	only
sağ	right
sağaNAK yağış	shower (*weather*)
sağır	deaf
sağlam	strong
sağlık	state of being healthy
sağol	'Thank you' (*informal*)
saHİ mi	*expression of surprise*
sahip	owner
saHIP olmak	to own
sakın	'Beware'
sakin	calm
saLAta	salad
Salı	Tuesday
salon	reception room
sana	to you
sanat	art
sandık	trunk
sanDIK odası	box room
sanki	as if
sanmak	to presume
santim	centimetre
sapmak	to turn into
sarı	yellow
sarışın	blond
sarkmak	to lean over *or* out
satılık	for sale
satin almak	to buy
satış	sales
satmak	to sell
sauna	sauna
savaş	war
sayGI sunmak	to send one's respect to
sayı	number
sayın	esteemed (*used before a name*)
saz	Turkish (musical) string instrument
sebep	reason
sebze	vegetable
seçmek	to choose
sefaret	embassy
seher	dawn
sehpa	coffee-table
sekiz	eight
sekreter	secretary
seksen	eighty
sektör	sector
sel	flood
selam	hello (*informal*)
sempatik	sociable
semt	district
sen	you (*singular*)
sene	year
senin	your
sergi	exhibition
sert	hard
servis	service
sessiz	quiet
sevgili	dear; lover
sevinmek	to be pleased
sevmek	to like
seyahat	journey
seyretmek	to watch
sıcak	hot
sıhhat	health
sıkıcı	boring
sıkılmak	to get bored
sınıf	class (*in school*)
sıra	queue
sicim	string
siGAra	cigarette
sigorta	insurance
silahşör	musketeer
silindir	cylinder

sinek	fly
sinema	cinema
sinirli	nervous
sirk	circus
sis	fog
site	housing estate
siyah	black
siz	you (*plural*)
sizin	your
soğuk	cold
sokak	road
sol	left
son	end
sona ermek	to finish
sonbahar	autumn
sonra	after
sonsuz	endless
sormak	to ask
sosyoloji	sociology
soyadı	surname
sönmek	to be extinguished
sörf	surf
söylemek	to tell
söz	promise
SÖZ vermek	to promise
spor	sport
sporcu	sportsman/ woman
STEno	shorthand
su	water
subay	army officer
sucuk	spicy salami
sulamak	to water
S*u*riye	Syria
S*u*riyeli	Syrian
susamak	to be thirsty
süPER benzin	four-star petrol
süper market	supermarket
süre	period
sürmek	to drive; spread; last
süt	milk
sütçü	milkman
ş*a*h*a*ne	super
şampiyona	championship
şampuan	shampoo
şans	luck
şanslı	lucky
ŞAPka	hat
şarap	wine
şarkı	song
şarkıcı	singer
şart	condition
şef	chief
şeft*a*li	peach
şehir	city
şehirLERarası	intercity operator
şehirli	city man
şeker	sugar
şekerli	sweet
şekil	shape, form
şeref	honour
şey	thing
şeyh	sheikh
şık	smart
şifonyer	chest-of-drawers
şik*a*yet	complaint
ŞİMdi	now
ŞİMdilik	for the time being
şirket	company
şişe	bottle
şişman	fat
şort	shorts
şöför	driver
şömine	fireplace
şu	that
Şubat	February
şunlar	those
şurup	syrup
tabiiyet	nationality
tab*a*k	plate
TAbii	of course
tablet	tablet
tahmin	guess
tahsil	education
tahta	wood
takım	set
taKIM elbise	suit (of clothes)
***ta*KİP etmek**	to follow
taksi	taxi

tam	exact; exactly
TAM karar	exactly right
tamam	O.K.
tamirci	repairman
tane	single thing of any kind
TANgo	tango
tanımak	to know
tanışmak	to meet
tanıştırmak	to introduce
tarak	comb
taraMA saḷatası	taramasalata
taRİF etmek	to describe
TARih	date; history
tarla	field
taş	stone
taşımak	to carry
tatil	holiday
tatlı	sweet
tava	frying-pan
tavan	ceiling
TAVla	backgammon
tavşan	rabbit
tavsiye	recommendation
tavuk	chicken
taze	fresh
tebRIK etmek	to congratulate
tedavi	treatment (*medical*)
tehlike	danger
tek	single
teknik	technical
TEKrar	again
tekrarlamak	to repeat
tel	wire
telafFUZ etmek	to pronounce
telaşlanmak	to get worried
telefon	telephone
televizyon	television
telgraf	telegram
temizlemek	to clean
temizleyici	dry-cleaner
Temmuz	July
TENcere	cooking-pot
TENisçi	tennis-player
tenzilat	reduction
tepe	hill
tepsi	tray
teRẠS kat	penthouse
terCİH etmek	to prefer
tercüman	interpreter
tercüme	translation
tereỵağ	butter
terFI etmek	to be promoted
terlemek	to sweat
termos	thermos
ters	grumpy; in the wrong way
terzi	tailor
teşekKÜR etmek	to thank
TEYze	aunt (*from mother's side*)
tilki	fox
titremek	to tremble
tiYATro	theatre
top	ball
toplam	total
torun	grandchild
tost	toast
toz	powder
trafik	traffic
traktör	tractor
tren	train
TREN yolu	railway
tur	tour
turistik	available to tourists
turizm	tourism
turuncu	orange (colour)
tutam	pinch of something
tutmak	to catch
tuvalet	toilet
tuz	salt
tuzlu	sạlty
Türk	Turkish, Turk
TÜRKçe	Turkish language
Türkiye	Turkey
ucuz	inexpensive
uçak	aeroplane
ufak	small; tiny

uğRAK yeri	special bus stop on long journeys
uğramak	to call in
unutmak	to forget
utangaç	shy
uyanmak	to wake up
uygun	suitable
uykuSU gelmek	to be sleepy
uyumak	to sleep
uzak	far
uzanmak	to lie down
uzay	space
uzun	long
üç	three
üçgen	triangular; triangle
üçüncü	third
ülke	country
üniversite	university
üst	above; top
üşümek	to feel cold
ütü	iron
ütülemek	to iron
üye	member
üzere	in order to
üzgün	sad
üzülmek	to be sorry
üzüm	grapes
v*a*di	valley
vagon	railway-car
V*A*H V*A*H	*expression of sympathy*
vakit	time
VAll*a*(h*a*)	'By God'
vapur	boat
var	existent
varmak	to arrive
vazgeçmek	to give up
ve	and
veF*A*T etmek	to die
vermek	to give
veS*A*ire	etc.
veya	or
vezne	cashier's office
viyolonist	violinist
voleybol	volleyball
vücut	body
Y*a* Rabbim	'My God'
ya . . . ya da	either . . . or
yabancı	stranger
yağ	oil; butter
yağmur	rain
yağMUR yağmak	to rain
yakın	near
yakında	soon
yakışmak	to suit
yalan	lie
yalnız	but; lonely
yan	side
yanak	cheek
yangın	fire
y*a*ni	in other words; so
yanlış	false; wrong
yanmak	to be lit
yapMA y*a*hu	*expression of surprise*
yapmak	to do; make
yapRAK	leaf
yaprak sarması	stuffed vine leaves
yara	wound
Y*a*RABbim	'My God'
yaralanmak	to be injured
yaralı	wounded
yaramaz	naughty
yararlı	useful
yardım	help
yardımcı	assistant
yardımCI olmak	to be helpful
yarDIMsever	helpful
yarı	half
yarım	half
yarın	tomorrow
yasak	prohibited
yastık	cushion; pillow
yastıl yüzü	pillow case
yaş	age
yaşamak	to live
yaşlanmak	to grow older
yaşlı	old

yatak	bed
yaTAK odası	bedroom
yatmak	to go to bed
yavaş	slowly
yavru	baby (*animal*)
yayınlamak	publish
yaz	summer
yazar	writer
yazı	writing
yazık	*expression of sympathy*
yazmak	to write
yedi	seven
yemek	to eat food/food
yeMEK listesi	menu
yeMEK odası	dining-room
yeMEK pişirmek	to cook
yemin etmek	to swear
yenge	brother's wife
yeni	new
Yeni ZeLANda	New Zealand
Yeni Zelandalı	(of/from) New Zealand
yenilemek	to renew
yer	place; floor
yerde	instead of
yerine	instead of
yeşil	green
yeter	enough
yeterli	sufficient
yetmiş	seventy
yıkamak	to wash
yıkanmak	to get washed; have a bath
yıl	year
YILbaşı	New Year's Eve
yıldız	star
YILdönümü	anniversary
yine	again
yirmi	twenty
yoğurt	yoghurt
yoğurtçu	yoghurt seller
yok	no; non-existent
YOK canım	*expression of surprise*
YOKsa	or
yol	road; way
yolcu	passenger
yolculuk	journey
yolunuz açık olsun	'Have a nice journey'
yorgan	quilt
yorgun	tired
yorgunluk	fatigue
yorulmak	to get tired
yukarı	up
yumurta	egg
yumuşak	soft
Yunanli	Greek (*person*)
Yunanistan	Greece
yuvarlak	round
yüksek	high
yün	wool
yürek	heart
yürümek	to walk
yüz	face; hundred
yüzDE yüz	a hundred per cent
yüzme havuzu	swimming-pool
yüzmek	to swim
yüzük	ring
zahmet	trouble
zaman	time
zannetmek	to suppose
zarar	damage
zarf	envelope
zaten	anyway
zayıf	thin
zayıflamak	to lose weight
zengin	rich
zevk almak	to enjoy
zeyTİNyağlı	cooked in olive oil
zil	bell
ziyaNI yok	'It doesn't matter'
ziyaRET etmek	to visit
zor	difficult

English–Turkish Glossary

above	üst	**American**	Amerikalı, Amerikan
abundance; in abundance	bol bol	**Anatolia**	Anadolu
accept	kabul etmek	**and**	ve
acceptance	kabul	**angry**	kızgın
accident	kaza	**animal**	hayvan
according to	göre	**ankle**	ayak bileği
accountant	muhasebeci	**answer**	(*noun*) cevap; (*verb*) cevap vermek
accounts office	muhasebe	**antibiotics**	antibiyotik
actor	aktör	**anybody**	kimse
actress	artist	**anyway**	zaten
add	eklemek, ilave etmek	**apparently**	anlaşılan, meğerse
address	adres	**apple**	elma
adopt a child	evlat edinmek	**application**	müracaat
adore	bayılmak	**apply**	başvurmak
adverse	aksi	**appointment**	randevu
Aegean	Ege	**April**	Nisan
aeroplane	uçak	**Arab**	Arap
after	sonra	**Arabic**	Arapça
afternoon	öğleden sonra	**architect**	mimar
again	gene; tekrar; yine	**arm**	kol
age	yaş	**armchair**	koltuk
ago	evvel	**army officer**	subay
airport	hava alanı	**arrive**	varmak
all	bütün, hepsi	**art**	sanat
all; at all	bir türlü	**artichoke**	enginar
allergy	alerji	**as . . . as**	kadar
although	halde	**as if**	sanki
always	hep	**ask**	sormak
ambulance	ambulans	**assistant**	yardımcı
America	Amerika	**astronaut**	astronot

association dernek
attention dikkat
attentive dikkatli
aubergine patlıcan
August Ağustos
aunt (*on father's side*) hala; (*on mother's side*) teyze
Australia Avustralya
Australian Avustralyalı
autumn sonbahar
avenue bulvar

baby bebek
back arka
backgammon tavla
bad fena
bag çanta
balcony balkon
ball top
ballerina balerin
ballet bale
bank banka
banker banker
bar bar
basketball basketbol
bath; have a bath yıkanmak
bathroom banyo
bathtub küvet
bay körfez
be olmak
beach plaj
beans barbunya, fasulya
beautiful güzel
because çünkü
because of dolayı
become olmak
become black kararmak
bed yatak
bed; to go to bed yatmak
bedroom yatak odası
bee arı
beer bira
before önce
beg for something rica etmek
Belgian Belçikalı
Belgium Belçika
bell zil
below aşağı
belt kemer
between; in between ara
bicycle bisiklet
big büyük
bird kuş
birth doğum
birth certificate nüfus cüzdanı
birthday doğum günü
bitter acı
black siyah
Black Sea Karadeniz
blanket battaniye
bleed kanamak
blind kör
blond sarışın
blood kan
blouse bluz
blue mavi
bluejeans blucin
board binmek
boat vapur
body vücut
book kitap
bookcase kitaplık
bookseller kitapçı
bookstore kitapçı
boot çizme
bored; to get bored sıkılmak
boring sıkıcı
born; born to be doğmak
borrow ödünç almak
boss patron
both . . . and hem . . . hem (de)
bottle şişe
bouquet buket
box kutu
box office gişe

box room	sandık odası
boy	oğlan
bracelet	bilezik
brain	beyin
branch (*of tree*)	dal
bread	ekmek
break	kırmak
breakdown	bozulmak
breakfast	kahvaltı
bridge	köprü; (*game*) briç
bring	getirmek
bring into	karşılaşmak
broad beans	bakla
broken; to be broken	kırılmak
brother	erkek kardeş
brother's wife	yenge
brown	kahverengi
brush	fırça
building	bina
bump into	rastlamak
bunch	demet
bus-stop	otobüs durağı
bush	çalılık
business	iş
busy	meşgul
but	ama, yalnız
butcher('s shop)	kasap
butter	tereyağ
buy	(satin) almak
by no means	katiyyen
cake	pasta, kek
cake shop	pastahane
calculate	hesaplamak
call	çağırmak
call in	uğramak
calm	sakin
camellia	kamelya
Canada	Kanada
Canadian	Kanadalı
cancer	kanser
capital city	başkent
car	araba, otomobil
card	kart
careful	dikkatli
carnation	karanfil
carpet	halı
carry	taşımak
cashier's office	vezne
cat	kedi
catch	tutmak
ceiling	tavan
centimetre	santim
central heating	kalorifer
chair	iskemle
championship	şampiyona
chance	fırsat
change	değiştirmek
channel	kanal
check-up	muayene
cheek	yanak
cheerful	güleryüzlü
cheese	peynir
cheque	çek
chequebook	çek defteri
chest (*of body*)	göğüs
chestnut	kumral
chest-of-drawers	şifonyer
chick	civciv
chicken	tavuk
chief	şef
child	çocuk
children's room	çocuk odası
chin	çene
China	Çin
china	porselen
Chinese	(*person*) Çinli; (*language*) Çince
chocolate	çukolata
choose	seçmek
Christmas	Noel
church	kilise
cigarette	sigara
cinema	sinema
circle	daire
circus	sirk
city	şehir

city man	şehirli
class	(*of transportation*) mevki; (*in school*) sınıf
classical	klasik
clean	temizlemek
clerk	memur
clever	akıllı
climate	iklim
clock	saat
close	kapamak
cloth	örtü
clothing	kıyafet
cloud	bulut
club	kulüp
coal	kömür
coat	palto
cocktail	kokteyl
coffee	kahve
coffee-table	sehpa
coffee-house	kahvehane
coin	kuruş
cold	soğuk
collection	koleksiyon
colour	renk
colourless	renksiz
comb	tarak
come	gelmek
come across	karşılaşmak
comfortable	rahat
company	şirket
complaint	şikayet
completely	büsbütün
computer	bilgisayar
concerning	ilgili
concert	konser
condition	şart
confident	emin
congratulate	tebrik etmek; kutlamak
connect	bağlamak
considerably	hayli; pek
constipation	kabızlık
content	memnun
continuous	devamlı
contrary to	aksine
conversation	konuşma
cook	yemek pişirmek
cooked in olive oil	zeytinyağlı
cooked in the oven	fırında
cooker	ocak
cooking-pot	tencere
corner	köşe
correct	doğru
corridor	koridor
cough	öksürük
country	memleket; ülke
courageous	cesur
courgette	kabak
course	kurs
cousin	kuzen
cow	inek
cream	krem
credit card	kredi kartı
cry	ağlamak
cube	küp
cup	fincan
cupboard	dolap
curly	kıvırcık
currency; foreign currency	döviz
curtains	perdeler
cushion	yastık
customs officer	gümrük memuru
cut	kesmek
cylinder	silindir
damage	zarar
dance	dans etmek
dandruff	kepek
danger	tehlike
dark (*hair or complexion*)	esmer
dark-coloured	koyu renkli
darkness	karanlık
date	tarih
daughter	kız
dawn	seher
day	gün
deaf	sağır

dear	sevgili
December	Aralık
decision	karar
deep	derin
definitely	muhakkak
degree	derece
delay	gecikme
delayed	rötarlı
delicious	enfes
dentist	dişçi
depot	depo
describe	tarif etmek
desert	çöl
destroy	mahvetmek
detached house	müstakil ev
detective	detektif
diarrhoea	ishal
dictate	dikte etmek
dictionary	lugat
die	ölmek, vefat etmek
diet	perhiz
different	değişik
difficult	zor; (*character*) huysuz
dining-room	yemek odası
diplomat	diplomat
director	müdür
dirt	kir
dirty	kirli
disappear	kaybolmak
disco	disko
discover	icat etmek
district	semt
divorced	dul
do	yapmak, etmek
doctor	doktor
dog	köpek
donkey	eşek
door	kapı
doorman	kapıcı
double	çift
dress	elbise
dressed; to get dressed	giyinmek
drink	(*verb*) içmek; (*noun*) içki
drive	sürmek
drive a car	araba kullanmak
driver	şöför
driver's licence	ehliyet
drop	damla
drum	davul
dry	kuru
dry-cleaner	temizleyici
duchess	düşes
ear	kulak
early	erken
early evening	akşamüzeri
earring	küpe
east	doğu
easy	kolay
eat	yemek
eau-de-cologne	kolonya
edge	kenar
educated	kültürlü
education	tahsil
egg	yumurta
eight	sekiz
eighty	seksen
either . . . or	ya . . . ya da
elbow	dirsek
electricity	elektrik
elephant	fil
embassy	sefaret
empty	(*adjective*) boş; (*verb*) boşaltmak
empty the rubbish	çöpü dökmek
end	son
endless	sonsuz
endure	sabretmek
engaged	meşgul; nişanlı
engine	motor
engineer	mühendis
England	Ingiltere
English	(*person*) Ingiliz; (*language*) Ingilizce

enjoy	hoşlanmak; zevk almak
enough	yeter
enquiries; to make enquiries	araştırmak
enquiries office	danışma bürosu
enter	girmek
entrance	giriş
envelope	zarf
esteemed (*used before a name*)	sayın
etcetera	falan, vesaire
Europe	Avrupa
even	bile, hem
evening	akşam
every	her
every day	hergün
everything	herşey
exact	tam
exactly right	tam karar
examination	imtihan
example; for example	mesela
excursion	gezi
'excuse me'	pardon
exercise	jimnastik
exhibition	sergi
existent	var
exit	çıkış
extinguished; to be extinguished	sönmek
eye	göz
eyebrow	kaş
fabric	kumaş
face	yüz
factory	fabrika
fairy tale	masal
fall	düşmek
false	yanlış
family	aile
family relative	akraba
famous	meşhur
far	uzak

farm	çiftlik
farmer	çiftçi
fashion designer	modacı
fast	hızlı
fat	şişman
father	baba
fatigue	yorgunluk
fear	(*noun*) korku; (*verb*) korkmak
February	Şubat
feel	duymak
feel cold	üşümek
few; a few	birkaç
field	tarla
fifty	elli
fillet steak	bonfile
film	film
film director	rejisör
find	bulmak
fine	hoş
finger	parmak
finish	bitmek, sona ermek
finish something	bitirmek
fire	yangın; ateş
fire-brigade	itfaiye
fireplace	şömine
first	ilk; birinci
fish	balık
five	beş
flat	daire
flood	sel
floor	kat; yer
flower	çiçek
fly	sinek
fog	sis
follow	takip etmek
food	yemek
foot	ayak
football	futbol
for	için
forehead	alın
forest	orman
forget	unutmak
fork	çatal

forty	kırk	**God willing**	inşallah
four	dört	**good**	iyi
four-star petrol	süper benzin	**'Good-bye'**	allahaısmarladık
		'Good Lord!'	allahallah
fox	tilki	**'Good morning'**	günaydın
France	Fransa		
French	(*person*) Fransız; (*language*) Fransızca	**good-natured**	iyi huylu
		goods	mal
		graduate	mezun
		grandchild	torun
fresh	taze	**grandfather**	dede
Friday	Cuma	**grandmother**	(*from father's side*) babaanne; (*from mother's side*) anneanne
fridge	buzdolabı		
friend	arkadaş; dost		
frog	kurbağa		
front	ön		
fruit	meyva		
fruit juice	meyva suyu	**grapes**	üzüm
fry	kızartmak	**grass**	çim
frying-pan	tava	**Great Britain**	Büyük Britanya
full	dolu		
funny	komik	**Greece**	Yunanistan
furniture	eşya	**Greek**	(*language*) Rumca; (*person*) Yunanli
further	ileri		
gallery	galeri		
gamble	kumar	**green**	yeşil
garage	garaj	**greengrocer('s shop)**	manav
garden	bahçe		
gas	gaz	**grey**	gri
gendarme	jandarma	**grilled**	ızgara
German	(*person*) Alman; (*language*) Almanca	**grocer('s shop)**	bakkal
		group	gurup
Germany	Almanya	**grow**	büyümek
ghost	hayalet	**grow older**	büyümek, yaşlanmak
girl	kız		
give	vermek	**grumpy**	asık suratı; ters
give up	vazgeçmek	**guess**	tahmin
glass	(*for drinking*) bardak; (*material*) cam	**gunpowder**	barut
		hair	saç
		hairbrush	saç fırçası
glasses	gözlük	**half**	yarı, yarım; (*in telling the time*) buçuk
glove	eldiven		
go	gitmek		
go back	dönmek	**hamburger**	hamburger
go out	çıkmak	**hand**	el

handkerchief mendil
happiness mutluluk
happy mesut, mutlu
hard sert
hat şapka
hate nefret etmek
he o
head baş
headache; to have a headache başı ağrımak
health sıhhat
hear duymak
heart kalp, yürek
heart attack kalp krizi
heavy ağır
height boy
helicopter helikopter
hello merhaba; (*informal*) selam
help yardım
helpful yardımsever
helpful; to be helpful yardımcı olmak
her onun
here burada
high yüksek
hill tepe
hip kalça
his onun
history tarih
hitch-hike oto-stop yapmak
hobby hobi
holiday tatil
homework ev ödevi
honey bal
honour şeref
horoscope burç
horse at
hospitable misafirperver
hospital hastahane
hostess hostes
hot sıcak
hotel otel
hour saat
house ev
housewife ev kadını
housing estate site
how nasıl
how many kaç
humid nemli
hundred yüz
hundred; a hundred per cent yüzde yüz
hungry; to be hungry karnı acıkmak
hurried acele
hurt acımak
husband koca

I ben
I'm sorry affedersin(iz)
ice buz
ice-cream dondurma
ideal ideal
identity card kimlik kartı
if ise; eğer
ill hasta
ill; to be taken ill hastalanmak
immediately hemen
important mühim, önemli
improve ilerletmek
in iç
increase artmak
India Hindistan
Indian Hintli
inexpensive ucuz
inflation enflasyon
inform bildirmek
injection; to have an injection iğne olmak
injured; to be injured yaralanmak
ink mürekkep
inoculation aşi
inside içeri
insist israr etmek
instead of yerde, yerine
insurance sigorta
intelligence akıl

intention niyet
intercity operator şehirlerarası
interesting enteresan, ilginç
interpreter tercüman
introduce tanıştırmak
invalid hükümsüz
invitation davet
invite davet etmek
invoice fatura
Iraq Irak
Iraqi Iraklı
iron (*noun*) ütü; (*verb*) ütülemek
island ada
it o
Italian (*pęrson*) Italyan; (*language*) Italyanca
Italy İtalya
its onun

jacket ceket
January Ocak
Japan Japonya
Japanese (*person*) Japon; (*language*) Japonca
jazz caz
jersey bluz
journalist gazeteci
journey seyahat, yolculuk
joyful neşeli
judge hakim
July Temmuz
jumper kazak
June Haziran
just henüz

kebab kebap
key anahtar
key-holder anahtarlık
kilogram kilo
kind cins
kiss öpmek; öp
kitchen mutfak
knee diz
knife bıçak
knock kalmak
know bilmek, tanımak

laboratory laboratuvar
lake göl
lamb kuzu
lamp lamba
language lisan; dil
large büyük
last geçen
last (*verb*) sürmek
last; at last nihayet
late geç
late; to be late geç kalmak
laugh gülmek
lavender lavanta
lawn çim
leaf yaprak
lean over *or* **out** sarkmak
learn öğrenmek
leather deri
leave bırakmak, kalkmak
left sol
left; to be left kalmak
leg bacak
lemon limon
lemonade limonata
lend borç vermek
lesson ders
letter mektup
librarian kütüphaneci
lie yalan
lie down uzanmak
life hayat; ömür
life-jacket imdat yeleği
lift asansör
light hafif, ışık
light-coloured açık renkli
lighter çakmak

like gibi
like sevmek
lion aslan
lip dudak
lipstick ruj
listen to dinlemek
lit; to be lit yanmak
litre litre
little az, küçük
live oturmak, yaşamak
liver karaciğer
lobby lobi
lock (*noun*) kilit; (*verb*) kilitlemek
lonely yalnız
long uzun
long since çoktan
longer; any longer artık
look bakmak
look after bakmak
look for aramak
lose kaybetmek
lose weight zayıflamak
lost; to be lost kaybolmak; kayıp
lot; a lot bir hayli, epeyi
love aşk
lover sevgili
low alçak
luck şans
lucky şanslı
lung akciğer

machine makina
madam hanımefendi
magazine mecmua
maid hizmetçi
main street ana yol
make yapmak, etmek
make a search araştırmak
make use of faydalanmak
male erkek
man adam
manager müdür
many çok
map harita
March Mart
marital status medeni hal
market-place pazar yeri
marriage ceremony düğün
married evli
married; to get married evlenmek
Martians Marslı
match kibrit, maç
material kumaş
May Mayıs
mayonnaise mayonez
meadow çayır
meaning anlam
meat et
meatballs köfte
medicine ilaç
Mediterranean Akdeniz
meet tanışmak
meet again something one loves kavuşmak
melon kavun
member üye
menu yemek listesi
merry kutlu
message mesaj
messy dağınık
metal metal
method metod
metre metre
middle orta
mild ılık
military service askerlik
milk süt
milkman sütçü
million milyon
mint nane
minute dakika
mirror ayna
miss kaçırmak
Miss/Mrs./Ms. bayan, hanım
Mister bay, bey
model model
modest mütevazi

Monday Pazartesi
money para
monkey maymun
month ay
moon ay
more daha, fazla
more precisely daha doğrusu
morning sabah
mosque cami
most en
mostly çoğunlukla
mother anne
motor boat deniz motoru
motor cycle motosiklet
mountain dağ
mouse fare
mouth ağız
mow biçmek
much fazla
mud çamur
mule merkep
muscle kas
museum müze
music müzik
musician müzisyen
musketeer silahşör
my benim

name ad, isim
napkin peçete
narrow dar
nationality tabiiyet
naughty yaramaz
nausea; to have nausea miğdesi bulanmak
near yakın
necessary lazım
necessary; to be necessary gerekmek
necessity gerek
neck boyun
necklace kolye
neighbour komşu
neither . . . nor ne . . . ne (de)
nervous sinirli
new yeni
New Year's Eve Yılbaşı
New Zealand Yeni Zelanda
news haber
newspaper gazete
next gelecek
night akşam, gece
nine dokuz
ninety doksan
no hayır, yok
noisy gürültülü
none hiç
non-existent yok
noon öğle
north kuzey
nose burun
not (*in non-verbal sentences*) değil
not at all estağfurullah
note not
notebook defter
novel roman
November Kasım
now şimdi
nucleus nüve
number numara, sayı
nurse (*auxiliary*) hemşire
nurse (*trained*) hastabakıcı

October Ekim
of course (gayet) tabii
off; to get off inmek
office ofis
oh! aman
oil yağ
ointment melhem
OK olur, tamam; pekiyi
old eski, ihtiyar, yaşlı
older brother ağabey
older sister abla
one bir
only sadece

open	(*verb*) açmak; (*adjective*) açık
opera	opera
operation	ameliyat
opinion	fikir
opposite	karşı
optimist	iyimser
or	veya, yoksa
orange	(*colour*) turuncu; (*fruit*) portakal
orchestra	orkestra
order	(*verb*) ısmarlamak; (*noun*) emir
order; in order to	üzere
originally	aslen
other	başka, diğer
our	bizim
out	dış
outdoor café	gazino
out of action; to be out of action	bozulmak
out-of-action	bozuk
outside	dışarı
oven	fırın
over	üzere
own	sahip olmak
owner	sahip
pain	acı; ağrı
pain; to have a pain	ağrımak
painter	ressam
pantry	kiler
paper	kağıt
parcel	paket
parsley	maydanoz
part	kısım
party	parti
pass	geçmek
pass on	iletmek
passenger	yolcu
passport	passport
past; in the past	eskiden
pasta	makarna
patterned	desenli
pay	ödemek
peach	şeftali
pebble	çakıl taşı
pen	dolmakalem
pencil	kalem
penguin	penguen
penthouse	teras kat
perfect	fevkalade
perhaps	belki
period	süre
permission	müsaade
person	kişi
pessimist	kötümser
petrol	benzin
phaeton	fayton
pharmacist	eczacı
pharmacy	eczane
physicist	fizikçi
pianist	piyanist
piano	piyano
picture	resim
pier	iskele
pig	domuz
pill	hap
pillow	yastık
pillow case	yastik yüzü
pilot	pilot
pin	iğne
pinch of something	tutam
piper	kavalcı
pity	merhamet
place	yer
plain	düz, ova, sade
plan	(*verb*) planlamak; (*noun*) plan
planet	gezegen
plant	bitki
plastic	plastik
plate	tabak
platform	peron
play	(*noun*) oyun; (*verb*) oynamak, çalmak

please	lütfen; (*colloquial*) gözünü seveyim
pleased; to be pleased	memnun olmak; sevinmek
pleasure; with pleasure	memnuniyetle
pocket	cep
pole	kutup
policeman	polis
police-station	karakol
polite	nazik
politician	politikacı
pool	havuz
poor	fakir
population	nüfus
porter	hamal
portrait	portre
Portugal	Portekiz
Portuguese	(*person*) Portekizli; (*language*) Portekizce
possible	mümkün
postcard	kartpostal
postman	postacı
post-office	postahane
potatoes	patates
powder	toz
practical	pratik
prawn	karides
prefer	tercih etmek
prescription	reçete
present	hediye
presume	sanmak
price	fiyat
primary school	ilk okul
princess	prenses
printed; to have something printed	bastırmak
printing-house	matbaa
private	özel
prize	ödül
probably	galiba; herhalde
problem	problem
problem; no problem	mesele yok
profession	meslek
professor	profesör
programme	program
prohibited	yasak
promise	(*verb*) söz vermek; (*noun*) söz
promoted; to be promoted	terfi etmek
pronounce	telaffuz etmek
protection	koruma
publish	yayınlamak
pull	çekmek
pump	pompa
purple	mor
purse	cüzdan
push	itmek
put	koymak
put away	kaldırmak
pyramid	piramit
quality	kalite
quarter	çeyrek
queue	kuyruk; sıra
quick	çabuk
quiet	sessiz
quilt	yorgan
rabbit	tavşan
radio	radyo
railway	tren yolu
railway-car	vagon
railway station (*main one*)	gar
rain	(*noun*) yağmur; (*verb*) yağmur yağmak
rarely	nadiren
read	okumak

ready	hazır
ready; to get ready	hazırlanmak
real	esas
reason	sebep
receive	almak
reception	resepsiyon
reception room	misafir odası, salon
recommendation	tavsiye
recover	iyileşmek
rectangle	dikdörtgen
rectangular	dikdörtgen
red	kırmızı
reduction	indirim, tenzilat
region	bölge
register	kayıt
remember	hatırlamak
renew	yenilemek
rent	kiralamak
rent; for rent	kiralık
repairman	tamirci
repeat	tekrarlamak
report	rapor
republic	cumhuriyet
reservation	rezervasyon
rest	dinlenmek
restaurant	lokanta, restoran
restaurant bill	hesap
retired	emekli
return (ticket)	gidiş-dönüş
rich	zengin
right	haklı, sağ
ring	yüzük
river	nehir
road	sokak; yol
rock	kaya
roof	çatı
room	oda
rose	gül
round	yuvarlak
rude	kaba
ruler	cetvel
run	koşmak
run out of	kalmamak
Russia	Rusya
Russian	(*person*) Rus; (*language*) Rusça
sad	üzgün
safety	emniyet
safety-pin	çengelli iğne
salad	salata
salary	maaş
sale; for sale	satılık
sales	satış
salt	tuz
salty	tuzlu
same	aynı
sand	kum
Saturday	Cumartesi
sauna	sauna
say	demek
scarf	eşarp
scattered; to be scattered	dağılmak
school	okul
score a goal	gol atmak
sea	deniz
sea-bass	levrek
season	mevsim
second	(*noun*) an; (*adjective*) ikinci
secondary school	lise
secretary	sekreter
sector	sektör
see	görmek
see someone off	geçirmek
seem	gibi(sine) gelmek; görünmek
self	kendi
sell	satmak
send	göndermek
send one's respect	saygı sunmak
September	Eylül
serial	dizi
service	hizmet, servis

set	takım
set out on a journey	kalkmak
set up	kurmak
settee	kanepe
seven	yedi
seventy	yetmiş
sew	dikmek
sex	cinsiyet
shameful	ayıp
shampoo	şampuan
shape	biçim; şekil
share	hisse
she	o
sheep	koyun
sheet	çarşaf
shelf	raf
shine	parlamak
shirt	gömlek
shoe	ayakkabı; pabuç
shop	dükkan
shore	kıyı
short	kısa
shorthand	steno
shorts	şort
shoulder	omuz
show	göstermek
shower	duş; (*weather*) sağanak yağış
shy	utangaç
sibling	kardeş
sick; to feel sick	bulanmak
side	yan
sideboard	büfe
signature	imza
silk	ipek
silver	gümüş
since	beri
singer	şarkıcı
single	bekar, tek
single thing of any kind	tane
sink	batmak
sir	beyefendi
sister	kız kardeş
sister's husband	enişte
sit	oturmak
sitting-room	oturma odası
situation	durum, hal
six	altı
sixty	altmış
skirt	etek
sky	gök
sleep	uyumak
sleepy; to be sleepy	uykusu gelmek
slowly	yavaş
small	küçük, ufak
small change	bozuk
smart	şık
smell	koku
smile	(*verb*) gülümsemek; (*noun*) gülücük
smoke a cigarette	sigara içmek
snow	(*verb*) kar yağmak; (*noun*) kar
soap	sabun
sociable	sempatik
society	cemiyet; dernek
sociology	sosyoloji
sock	çorap
soft	yumuşak
soldier	asker
solicitor	avukat
some	bazı
someone	birisi
sometimes	bazen
son	oğul
song	şarkı
soon	yakında
sorry; to be sorry	üzülmek
soul	can
soup	çorba
south	güney
sow	ekmek
space	uzay

spacious	ferah, geniş
Spain	**Ispanya**
Spanish	(*person*) Ispanyol; (*language*) Ispanyolca
speak	konuşmak
spend	harcamak
spicy salami	sucuk
spider	örümcek
spoon	kaşık
sport	spor
sportsman/woman	sporcu
spouse	eş
spread	sürmek
spring	ilkbahar
square	kare; (*in city*) meydan
stairs	merdiven
stamp	pul
star	yıldız
start	başlamak
starter (*in meal*)	meze
state	devlet
state of being closed	kapanış
state of being healthy	sağlık
state of being comfortable	rahatsızlık
state of being well	iyilik
station	istasyon
stay	kalmak
step on	basmak
still	gene de, hâlâ
stock-market	borsa
stomach	miğde
stone	taş
stop	durmak
story	hikaye
straight	düz
strange	acaip
stranger	yabancı
straw	hasır
street	cadde
strike	grev
string	sicim
stroll	gezmek
strong	sağlam
student	öğrenci
study	çalışma odası
stuffed green peppers	biber dolması
stuffed vine leaves	yaprak sarması
stuffy	havasız
stupid	ahmak, akılsız
subscription	abone
success	başarı
suddenly	birden
sufficient	yeterli
sugar	şeker
suit	(*of clothes*) takım elbise; (*verb*) yakışmak
suitable	uygun
suitcase	bavul
summer	yaz
sun	güneş
Sunday	Pazar
sunny	güneşli
super	şahane
supermarket	süper market
suppose	zannetmek
sure	emin
surf	sörf
surgeon	operatör
sure; for sure	garanti
surname	soyadı
surroundings	etraf
swear	yemin etmek
sweat	terlemek
sweet	şekerli, tatlı
sweetened carbonated water	gazoz
swim	yüzmek
swimming-pool	yüzme havuzu
Syria	Suriye
Syrian	Suriyeli
syrup	şurup

table masa
tablet tablet
tailor terzi
take almak
take a photograph fotoğraf çekmek
take off çıkarmak
take to götürmek
talk to someone görüşmek
talkative konuşkan
tango tango
tap musluk
taramasalata tarama salatası
tasty lezzetli
taxi taksi
tea çay
teacher öğretmen
technical teknik
telegram telgraf
telephone telefon
telephone operator for defects arıza
telephone token jeton
television televizyon
tell söylemek
temperature ısı; ateş
ten on
tennis tenis
tennis-player tenisçi
tent çadır
thank teşekkür etmek
thank you mersi; (*informal*) sağol
that şu, o
theatre tiyatro
their onların
there işte, orada
thermos termos
these bunlar
they onlar
thick gür
thief (archaic)
thin zayıf
thing şey
third üçüncü
thirsty; to be thirsty susamak
thirty otuz
this bu
those şunlar, onlar
thought düşünce
thousand bin
three üç
throat boğaz
throw atmak
Thursday Perşembe
thus böyle, öyle
ticket bilet
tie (*noun*) kravat; (*verb*) bağlamak
time vakit, zaman
time; for the time being şimdilik
tiny ufak
tip bahşiş
tired; to get tired yorulmak
toast tost
today bugün
toe ayak parmağı
together with beraber
toilet tuvalet
tomorrow yarın
tongue dil
tooth diş
toothbrush diş fırçası
toothpaste diş macunu
top üst
total toplam
tour tur
tourism turizm
towel havlu
tractor traktör
traffic trafik
train tren
translation tercüme
tray tepsi
treatment (*medical*) tedavi
tree ağaç
tremble titremek

triangle üçgen
triangular üçgen
trouble zahmet
trousers pantolon
truck kamyon
truly hakikaten
trunk sandık
try denemek
Tuesday Salı
tulip lale
Turk Türk
Turkey Türkiye
Turkish (*language*) Türkçe; (*person*) Türk
Turkish bath hamam
Turkish currency Lira
Turkish delight lokum
Turkish drink made of aniseed rakı
Turkish-style alaturka
turn çevirmek, dönmek
turn into sapmak
turtle kaplumbağa
twenty yirmi
two iki
type (*noun*) çeşit
type (*verb*) daktilo yazmak

ugly çirkin
uncle (*from father's side*) amca; (*from mother's side*) dayı
uncomfortable rahatsız
under alt
understand anlamak
underwear iç çamaşırı
uneducated kültürsüz
unfortunately maalesef
university üniversite
unseated; to be left unseated ayakta kalmak
unsociable antipatik
until kadar
up yukarı
up; to get up kalkmak
use (*noun*) fayda; (*verb*) kullanmak
useful yararlı

valley vadi
vegetable sebze
very çok
village köy
vinyl muşamba
violinist viyolonist
visit (*verb*) ziyaret etmek; (*noun*) ziyaret
visiting-card kartvizit
volleyball voleybol

waist bel
wait beklemek
wait for beklemek
waiter garson
waiting-room bekleme salonu
wake up uyanmak
walk yürümek
wall duvar
wander around dolaşmak
want istemek
war savaş
wardrobe gardrop
wash yıkamak
wash; to get washed yıkanmak
wash the clothes and linen çamaşır yıkamak
wash-basin lavabo
washing-up bulaşık
watch (*noun*) saat; (*verb*) seyretmek
water (*verb*) sulamak; (*noun*) su